Rektor Ballhorn

Der Anteil der Plastik an der Entstehung der griechischen Götterwelt und die Athene des Phidias

Rektor Ballhorn

Der Anteil der Plastik an der Entstehung der griechischen Götterwelt und die Athene des Phidias

ISBN/EAN: 9783743323711

Hergestellt in Europa, USA, Kanada, Australien, Japan

Cover: Foto ©Thomas Meinert / pixelio.de

Manufactured and distributed by brebook publishing software (www.brebook.com)

Rektor Ballhorn

Der Anteil der Plastik an der Entstehung der griechischen Götterwelt und die Athene des Phidias

Der
Antheil der Plastik
an der
Entstehung der griechischen Götterwelt und die Athene des Phidias.

Von

Vassborn.
Rektor a. D. in Görlitz.

Hamburg.
Verlagsanstalt und Druckerei A.-G. (vormals J. F. Richter),
Königliche Hofverlagshandlung.
1893.

Zu allen Zeiten haben die griechischen Göttergestalten, wie sie aus den Händen der größten Künstler dieses Volkes hervorgegangen sind, einen mächtigen Eindruck auf jeden Beschauer hervorgebracht. So wenig uns davon auch erhalten ist, auch dies Wenige genügt, uns in eine höhere Welt zu versetzen, sobald wir auch nur in eine kleine Versammlung dieser hehren Gestalten eintreten. Zu schildern, was wir dann Alle empfinden, dazu genügt es, an zwei bekannte Worte zu erinnern. So schreibt Jean Paul nach dem ersten Besuch im Dresdener Museum: „Der Dresdener Abgußsaal hat sich wie eine neue Welt in mich gedrängt und die alte halb erdrückt. Du trittst in einen langen, lichten, hohen, gewölbten Saal; zwischen den Säulen ruhen die alten Götter, die ihre Grabeserde oder ihre Himmelswolken abgeworfen haben, und die uns eine heilige, selige, stille Welt in ihrer Gestalt und in unserer Brust aufdecken. Du findest da den Unterschied zwischen der Schönheit eines Menschen und der eines Gottes; jene bewegt, obwohl sanft, noch der Wunsch und die Scheu; aber diese ruht fest und einfach, wie der blaue Aether vor der Welt und der Zeit, und die Ruhe der Vollendung, nicht der Ermüdung blickt im Auge und öffnet die Lippen. So oft ich künftig über große, schöne Gegenstände schreibe, werden diese Götter vor mich treten und mir die Gesetze der Schönheit geben."

Ebenso wurden für Carstens, als er die Küferschürze abgelegt und nach Kopenhagen kam, die Abgüsse der schönsten Antiken zu einer Offenbarung. „Alles, was ich bisher von Kunst gesehen hatte," erzählt er, „war mir nur als Menschenwerk erschienen; aber diese Gestalten erschienen mir als höhere Wesen, von einer übermenschlichen Kunst gebildet, und es fiel mir nicht ein, zu glauben, daß ich oder ein anderer Mensch je dergleichen hervorzubringen vermöchte. Ein heiliges Gefühl der Anbetung, das mich fast zu Thränen rührte, durchdrang mich, es war mir, als ob das höchste Wesen, zu dem ich als Knabe im Dom zu Schleswig oft so innig gebetet hatte, mir hier wirklich erschienen."

Die Quelle nun, aus der die griechische Götterwelt diese ihre Hoheit, ihre unverlierbare Macht auf das Menschenherz geschöpft hat, ist selbstverständlich die Religion. Die alte wahre, ideale Kunst ist eine Tochter der Religion. Der indische Felsentempel so gut, wie der egyptische Tempel-Koloß ist undenkbar ohne den tiefen religiösen Sinn dieser Völker. Aber auch diese großartigsten, diese kolossalsten Werke, welche das religiöse Bedürfniß den Völkern abgezwungen hat, können nicht entfernt mit dem Eindruck wetteifern, welchen die griechischen Göttergestalten hervorbringen. Und dies nur darum, weil die griechische Plastik in einer ganz anderen Beziehung zur Religion der Griechen steht, als dies sonst zwischen Kunst und Religion der Fall ist. Die Kunst aller andern Völker steht der Religion nur empfangend gegenüber; das religiöse Gefühl, der religiöse Gedanke ist es, der so, wie er in der Volksreligion seinen Ausdruck gefunden hat, sich in der Künstlerseele verkörpert, der den Künstler bei seinen Schöpfungen begeistert. Die griechische Plastik steht aber der Religion der Griechen nicht nur empfangend, sondern auch gebend gegenüber. Wie nun aber nur dann der Menschengeist zu seinen höchsten Aeußerungen und Leistungen sich aufschwingt, wenn er nicht nur das Empfangene künstlerisch verarbeitet, sondern wenn er zu dem Empfangenen selbstschöpferisch neues hinzuthut, so erklärt sich daraus auch die so einzig dastehende Höhe, zu der die griechische Plastik sich erhoben. Unsere Aufgabe aber ist es, an einem einzelnen Beispiele gerade diese Stellung der griechischen Plastik bei der Entstehung der griechischen Götterwelt darzulegen, die Vertiefung und Befruchtung, die die mythendichtende, jene Götter bildende Volksseele durch den Künstler erhalten hat, an einer der Göttergestalten zu zeigen. Dazu aber ist es nöthig, zuerst einen Blick auf den religiösen Entwickelungsgang des griechischen Volkes zu werfen.

Wenn irgendwo der Charakter eines Volkes von der Natur des von ihm bewohnten Landes bestimmt und beeinflußt wurde, so gilt dies vom griechischen Volke. So eigenthümlich, von allen andern Völkern des Alterthums abweichend sich Leben und Sitten dieses Volkes gestalteten, so eigenthümlich ist auch das Land, in dem es zum Volke heranwuchs. Hier ist nicht eine übermäßige, wuchernde, berauschende Fülle und Fruchtbarkeit, wie in Indien, nicht eine einzelne, in alles eingreifende Naturerscheinung, wie in Egypten; die Elemente haben überhaupt nicht die tropische Gewalt, welche den Menschen unterjocht, sondern sie üben nur eine milde, freundliche Anregung. Das Klima ist südlich, aber nicht bis zur erschlaffenden Hitze, das Land im ganzen nicht unfruchtbar, aber doch von ziemlich schroffen Gebirgen durchschnitten und daher theilweise rauh und nur zur Jagd, theilweise nur für den Oelbaum und Weinstock, nicht für den Anbau nahrhafter Früchte geeignet. Daher war es um so wichtiger, daß Griechenland überall vom Meere begrenzt und durchschnitten ist, und damit der Anreiz zu mannigfaltiger Thätigkeit, zu Schiffahrt, zum Handel, zur Eroberung und Kolonisation gegeben war. Bedeutsam war daneben die gebirgige Natur des Landes, welche in kleinen Grenzen die Ausbildung einzelner Völkerstämme in ihren feineren Eigenthümlichkeiten begünstigte, diese nicht, wie bei der Verbreitung großer Nationen auf offener Ebene, in eine allgemeine Form verschmolz. Lage und Beschaffenheit des Landes bedingten daher schon, daß menschliche Freiheit und Thätigkeit ein größeres Feld fanden, als bei anderen Nationen, und die Natur selbst brachte es mit sich, daß ihr freundlicher Einfluß neben der vorherrschenden Selbstthätigkeit des Volkes weniger hervortrat. Sie entließ gleichsam den Menschen aus der Vormundschaft, in welcher sie ihn bisher gehalten hatte.

Diesen Charakterzug der Freiheit finden wir denn auch in allen Institutionen Griechenlands von Anfang an erkennbar. Besonders deutlich tritt er uns aber bei der Entstehung der griechischen Götterwelt entgegen. Bei allen andern Völkern des Alterthums gab es eine geschlossene Priesterschaft als ausschließliche Diener des Gottes, Ausleger seiner Orakel und daher Lehrer des Volkes. Bei ihnen allen war folglich auch die Religion nicht freie Verehrung, sondern eine feste Satzung, an genaue Beobachtung äußerlicher Verhaltungsregeln gebunden, für deren Befolgung die Priester die natürlichen Wächter waren. Ueberall standen sie zum Volke in dem Verhältnisse der Herren und Lehrer. Auch die Griechen nun hatten gewisse allgemein anerkannte religiöse Gebräuche, aber die Priester bildeten doch keinen geschlossenen Stand, sie wurden meistens durch jährliche Wahl bestimmt, und wenn auch in einzelnen Fällen gewisse Geschlechter zur Priesterschaft eines bestimmten Gottes ausschließlich berufen waren, so gab dies nur den Ehrenvorzug der Opfer, höchstens einen vorübergehenden Einfluß durch die Deutung der Orakel, niemals Gelegenheit zur bleibenden Leitung des Volkes.

Die mythologischen Ueberlieferungen waren daher auch nicht Priesterlehren, sondern Volkssagen. Freilich hatte ja auch bei andern Völkern die Phantasie bei der Entstehung der Göttermythen dichterisch mitgewirkt; die Anschauungen von mächtigen, wohlthätigen oder feindlichen Naturmächten hatten sich ihnen zu Sagen von der Abstammung und den Thaten der Götter gestaltet. Allein immer waren die Priester dann Diejenigen gewesen, deren Autorität diese Sagen prüfte und sie nach ihren didaktischen und hierarchischen Zwecken modelte. Bei den Griechen waltete die Dichtung frei; ohne andere Weihe als die der Begeisterung belehrten die Sänger das Volk auch über das Wesen der Gottheit und die Pflichten der Menschen. Ohne Scheu und mit vollster Wahrheit konnte daher der fromme Grieche Herodot das Wort aussprechen: „Homer und Hesiod haben den Hellenen ihre Götter gemacht." Sicher war der Sinn auch des altgriechischen Volkes ein höchst religiöser, aber diese Religiosität hatte etwas eigenthümlich Freies und Unbestimmtes; der Gedanke der Ausschließlichkeit blieb völlig entfernt davon. Jedem, der Glaubwürdiges von den höheren Mächten berichtete, hörten sie mit ehrfurchtvollem, kindlichem Gemüthe zu; keinem Gotte, von dem sie Kunde erlangten, verweigerten sie göttliche Ehre. Es war, als suche man nur Gelegenheit, die natürliche Frömmigkeit noch einmal zu üben. Auf dem Marktplatz von Athen fand der Apostel Paulus einen Altar mit der Aufschrift: „Dem unbekannten Gotte." „Wie du auch heißen mögest," ruft der Chor in einem Gebet bei Sophokles, „ich flehe zu dir und zu deiner Hülfe." Bei dieser Leichtigkeit der Fortpflanzung religiöser Tradition konnte es denn an Abweichungen derselben nicht fehlen, wodurch aber die Gemüther keineswegs beunruhigt wurden. Vielmehr fiel es Niemandem ein, dem Dichter zu wehren, der die überlieferten Mythen nach eigener Eingebung veränderte und umbildete. So überwiegend war in dieser Religiosität das Moment subjektiver, persönlicher Frömmigkeit, so unbekümmert war das fromme Bewußtsein über das Objektive der Gottheit.

Ebenso frei und ungebunden war aber auch die Beziehung

der Götter auf das Moralische. Im allgemeinen galten sie zwar als die Beschützer des Rechts und Rächer des Unrechts, aber worin beides bestand, das war durch keine feste Lehre ursprünglich festgestellt. Gerade dadurch aber blieb das eigene sittliche Gefühl ungehemmt und entwickelte sich freier und schöner, als bei irgend einem andern Volke. Keine dogmatische Lehre stellte fest, was Recht und Unrecht, Gut und Böse sei; das eigene Gefühl des Volkes schuf und entwickelte die Sittlichkeit. Das Gefühl der Ehrfurcht vor dem Hohen und Göttlichen, die tiefe Scheu vor dem Unheiligen und Unreinen, Achtung vor der Sitte und dem selbstgegebenen Gesetze vertrat bei den Hellenen die Stelle jener äußerlichen Zucht und Bevormundung durch Hierarchie und Staatspolizei. In solcher Freiheit entfaltete sich der Geist des griechischen Volkes zu einer Blüthe der Anmuth und Schönheit, welche weder vorher noch nachher ein anderes Volk erreicht hat.

Bei dieser Unabhängigkeit des Moralischen von der Religion mußte ja nun auch die Kunst eine ganz eigenthümliche Stellung erhalten. Denn da es kein allgemein feststehendes Sittengesetz gab, wie es sonst aus der Religion hervorwächst, so beruhte Lob und Tadel nur auf dem eigenen, lebendigen Gefühl des Besseren, welches sich dadurch gewöhnte, das Gute und Anständige, wie das Unwürdige schon in seiner äußeren Gestalt zu suchen und zu erkennen, jenes mit Wohlgefallen anzublicken, von diesem sich mißbilligend abzuwenden. Sie betrachteten daher das Gute wie das Schöne; ihre Sittenlehre wurde eine Schönheitslehre. So mußte das Kunstwerk als Beispiel des Schönen auch moralisch veredelnd oder verschlechternd auf das Gemüth wirken; ein unschönes Werk konnte ein Attentat auf die öffentliche Sittlichkeit werden, nicht etwa wie bei uns durch seinen Inhalt, sondern durch die Form. Und nicht bloß das Häßliche, sondern auch das Alltägliche und Gemeine, das Zufällige und Unbedeutende, wenn es durch die künstlerische Behandlung eine gewisse Weihe erhielt, war dem griechischen Gefühl verhaßt, da es dem Streben ein niedriges Ziel gesetzt hätte. Daher jenes tebanische Gesetz, welches Malern und Bildhauern bei Strafe gebot, die Menschen nur ins Schöne nachzuahmen. Daher die für uns auffallende Erscheinung, daß nicht bloß die Philosophen sorgfältige Vorschriften darüber gaben, welche Bilder und welche musikalischen Weisen der Jugend zu empfehlen seien, sondern daß an manchen Orten sogar der Staat eine Aufsicht über die Musik führte. Das ganze griechische Leben wird zu einem Streben nach Schönheit, nach einer Wohlordnung des Staats wie nach eigner Schönheit des Körpers und der Seele; die Kunst hilft dazu als die reinere, strengere Auffassung dieses Lebens.

Doch nicht nur für die Veredlung der öffentlichen Sitte, für die Vertiefung des Begriffs des Guten sorgte die Kunst, viel größer mußte ja ihre Hülfe sein bei Ausgestaltung der griechischen Göttergestalten. Waren nämlich die Götter zu den Griechen auf dem Wege historischer Tradition gekommen, so hatte sich die sittliche Vorstellung, wie wir gesehen, aus ihrer eigenen Brust entwickelt. Beide also, Religion und Sittlichkeit, hatten verschiedene Quellen. So war es gekommen, daß manche Sagen, welche ursprünglich nur das Walten und die Macht der Naturkräfte in mystischer Einkleidung darstellten, später, sobald die Götter wie menschliche Wesen angesehen wurden, von Handlungen der Götter erzählten, welche auch nach griechischen Begriffen entschieden unsittlich waren. Allein lange nahm der griechische Sinn, wenigstens der der großen Menge, daran keinen Anstoß; mit der größten Unbefangenheit erzählte man diese Thaten nach wie vor, ohne sie einer moralischen Kritik zu unterwerfen oder davon Anwendung auf die Menschen zu machen. Diese Unbefangenheit, die dem christlichen Sinn, der sich die Gottheit als den Urquell aller sittlichen Vollkommenheit denkt, so schwer begreiflich ist, findet sich in Homers Dichtungen noch in vollstem Maße. Seine Götter sind zwar an äußerer Größe überirdisch, in ihren Schwächen und Leidenschaften aber um nichts besser, als die sterblichen Menschen. Haß und Rachsucht sind bei ihnen ohne Maß, sie weinen, wenn ihr Zorn nicht Befriedigung erlangt. Schmeicheleien und Verführungen finden bei ihnen Eingang, selbst Vater Zeus wird getäuscht, wenn Hera sich ihm mit dem Gürtel der Aphrodite naht. Aphrodite ist weichlich und feige, Ares grausam, Hera unerbittlich stolz. Die Menschen haben Mitleid, selbst die Rosse des Achilles weinen über Patroklos Tod; die Götter sind ohne Erbarmen. Die Menschen zeigen sich im ganzen edel; die Ilias und Odyssee sind reich an Beispielen der zartesten Freundschaft, der reinsten ehelichen Liebe, der Großmuth, der Gastlichkeit. Nur die Götter scheinen das Vorrecht rücksichtsloser Laune und Willkür zu haben. Die Götter Homers, sie können für die Moral keine Richtschnur abgeben.

Doch als dann auch bei der größeren Menge die sittlichen Anforderungen immer stärker wurden, als Dichter und Philosophen jene homerischen Erzählungen oft in härtester Weise angriffen, da regte sich überall das Gefühl, daß den Göttern die Eigenschaft der Heiligkeit zukommen müsse. Man nahm die überlieferten Sagen mit der Ehrfurcht auf, die ihr Alterthum verdiente, suchte aber die unmoralischen Elemente auszuscheiden und die Götter zu ethisch reineren und strengeren Charakteren zu bilden. Am schönsten und mit begeisterter Frömmigkeit spricht sich dies Bestreben bei Pindar aus, der es nur geziemend findet, „Rühmliches von den Göttern zu verkünden, selbst gegen der Vorzeit Bericht".

Gerade jetzt hatte nun aber auch die Plastik, was das technische Können anlangt, zur höchsten Blüthe sich emporgearbeitet, und bei der regen Bauthätigkeit der Zeit trat an sie die Anforderung heran, nun auch für die neuen Tempel neue

Götterbilder zu schaffen. So mußte denn auch die Plastik an der Ausgestaltung dieser reineren und strengeren Götter-Charaktere sich betheiligen. Auch die Bildhauer durften diese Götter nur in dem edleren Sinne auffassen, wie Pindar, Aeschylos und Sophokles. Selbstverständlich haben sie dabei nur die menschenartig gedachten Götter, wie sie in der homerischen Dichtung erscheinen, vor Augen; der Gedanke an ihre ursprüngliche, physikalische Bedeutung liegt ihnen fern. Dafür aber betonen sie die edleren, ethischen Motive, soweit die Mythe solche bietet, und bilden diese nicht selten in reinerer Weise aus, als es bei den Dichtern geschah. So entstanden durch sie in ihren Göttern eine Reihe von Idealgestalten, von Vorbildern göttlich-menschlicher Hoheit, von vollendeten Erscheinungen menschlich-göttlicher Charaktertypen.

Das vollendetste und reinste Ideal unter diesen menschlich-göttlichen Charaktertypen bietet nun sicher die jungfräuliche Tochter des Zeus Kronios, Pallas Athene; und dies um so mehr, da gerade der Meister, der es zu allen Zeiten am besten verstanden hat, aus der menschlichen Gestalt das Wesen der Gottheit hervorleuchten zu lassen, nämlich Phidias, nicht nur den Vater der Götter und Menschen, den Zeus, sondern auch seine ihm geistig so nahe stehende Tochter Pallas Athene geschaffen hat. In eine höhere Entwicklung hat dasselbe daher nachmals kaum eintreten können, nur einer Entfaltung in die Breite ist es theilhaftig geworden, welche endlos genannt werden darf und sich am schicklichsten der bunten Mannigfaltigkeit gewisser Edelpflanzen vergleichen läßt, die wie die Palmen in ewig verjüngter Gestalt sich wiederholen, aber trotz der gestaltenreichsten Umbildung der Grundformen den nämlichen Charakter bewahren. Von keiner andern Gottheit besitzen wir eine solche fast unabsehbare Menge von vielfach wechselnden Kunstdarstellungen, und doch ist keine so leicht und sicher erkennbar, wie die hehre Tochter des Zeus, die sich uns allezeit nicht bloß durch eine ständige Symbolik, sondern auch durch einen fest ausgeprägten Typus, der scharfe Unterscheidungszeichen darbietet, auf den ersten Blick ankündigt; ein Beweis nicht nur dafür, daß der Schöpfer dieser Idealgestalt das Höchste geleistet, so daß jede Weiterbildung und Verbesserung ausgeschlossen war, sondern auch dafür, daß schon in der Mythe, aus welcher diese Gestalt hervorwuchs, Momente gegeben sein mußten, welche sie von allen anderen Gottheiten scharf sonderten. Um daher die Idealgestalt, wie Phidias sie vollendet, ganz zu verstehen, müssen wir nun auch die Mythen kennen lernen, aus denen Charakter und Wesen dieser Gottheit hervorgewachsen.

Wie Zeus und Hera ist auch Pallas Athene ganz eine Gottheit des Himmels und zwar in merkwürdiger Weite und Tiefe der Anschauung, nur daß als tieferer Grund des Bildes immer die Anbetung des reinen, klaren Himmels, des Aethers, als der höchsten Naturmacht durchblickt; und da nun dieser sich nicht schöner als in dem Charakter der Jungfräulichkeit ausdrücken läßt, so mußte schon dadurch diese Gottheit zur jungfräulichen Göttin werden. Ueberall nun ist ja in Griechenland der Himmel von bewunderungswürdiger Schönheit und Klarheit, nirgends jedoch in solchem Grade als in Attika; daher Athene in diesem Lande am meisten verehrt wurde und mit allen Segnungen und Erinnerungen der Stadt, der Landschaft, des Staates so verwachsen ist, daß die Göttin nicht ohne ihre Lieblingsstadt gedacht werden kann und diese nicht ohne jene.

Was nun den Ursprung der Göttin betrifft, so verrathen die darauf bezüglichen Mythen ein hohes Alterthum und sind daher reich an eigenthümlichen kosmogonischen Ideen, welche sich am nächsten an die Vorstellungen anschließen, welche die Welt aus dem Okeanos und aus Nacht und Dunkelheit entspringen lassen. Athene erscheint in ihnen von Anfang an deutlich als eine Macht, welche sowohl über Blitz und Wolken, als über Sonne und Mond gebietet, welche in schrecklicher Majestät einherfährt, aber auch wieder lieblich und milde glänzt und segnet, Aecker befruchtend, menschliche Geschlechter erzeugend und erziehend, alles ohne ihre ätherische Reinheit und Klarheit aufzugeben. Auch ein alter Beiname, Tritogeneia (Jl. 4, 515; 8, 39; 22, 183), deutet noch ohne Zweifel auf diesen Ursprung aus dem Wasser, d. h. aus dem Okeanos, aus welchem ja nach Homer alle Dinge und alle Götter entsprungen sind.

Weit verbreiteter aber war die Dichtung von der Geburt der Athene aus dem Haupt des Zeus, welche indessen mit jener anderen, ihrer Geburt aus dem Feuchten, eng zusammenhängt. Schon die Ilias kennt Athene als die Lieblingstochter des Zeus, welche er selbst geboren habe. (Jl. 4, 515; 5, 875, 880.) Deshalb redet Zeus zu ihr wie zu seinem eigenen Gemüth und ertheilt ihr die schwierigsten Aufträge; Athene und Zeus werden sogar gelegentlich für die höchste und mächtigste Gottheit schlechthin erklärt, eine Vorstellung, welche die Dichter in vielen Wendungen zu wiederholen pflegen. (Jl. 8, 5—40. Od. 16, 260.) Die vollständige Sage aber von Athenes Geburt aus dem Haupt des Zeus ist erst bei Hesiod (Th. 886 ff.) und bei Pindar (Ol. 7, 34—38) zu finden und auf vielen attischen Vasengemälden abgebildet; denn auch in Athen war dieser Ursprung der allgemeine Glaube, und die Mythe mag hier wohl besonders ausgebildet sein.

Nach ihr nun vermählt sich Zeus mit der Metis, der Göttin der vorhersehenden Klugheit, welche ihm im Kampfe mit seinem Vater Kronos Beistand geleistet, und welche als Tochter des Okeanos die Gabe der Verwandlung besitzt. Doch da ihm Gaea geweissagt, daß er aus dieser Ehe einen Sohn erhalten wird, welcher mächtiger als er selbst werden wird, verschlingt er sie, so daß Metis mit der Tochter, die sie schon von ihm

(189)

empfangen, in Zeus selbst versetzt wird. So wird Athene aus dem Haupt des Zeus geboren, nachdem ihm Hephästos, Prometheus oder Hermes mit einem Beile das Haupt gespalten hat. Dabei ist die ganze Natur in furchtbarem Aufruhr, besonders deutet die weitere Beschreibung des Wunders der Geburt auf Gewölk, welches, vom Himmel emporgehoben, dessen Bauch füllt und unter Stürmen und Blitzen die jungfräuliche Göttin des lichten Himmels aus sich hervorbringt, die Göttin des strahlenden Aethers und seiner leuchtenden und blitzenden Allgewalt. Denn Athene springt gleich in voller Rüstung aus dem Haupt des Zeus hervor, mit strahlenden Waffen und mit der gezückten Lanze, weil der Blitz, wie er aus der dunklen Wetterwolke hervorzuckt, die erste Epiphanie des Lichtes und des Aethers und das von der Natur selbst an die Hand gegebene Bild von der Geburt des Lichtes ist.

Athene ist deshalb die Göttin des Kriegssturmes, des unaufhaltsamen Andranges, wie alle ältere epische Dichtung immer vorzugsweise diese Seite an ihr hervorhebt. Doch ist sie nicht bloß dies, sondern ihr höheres Wesen ist die tiefe, unergründliche Klarheit und Reinheit des lichten Himmels, der über Wolken und Wetter gebietet, aber selbst dadurch nicht afficirt wird. Der gewaltige Aufruhr in der ganzen Natur dauert nur so lange, bis Athene ihre Waffen ablegt, worauf Zeus sich der Tochter erfreut d. h. der Himmel sich wieder aufklärt. So tritt sie in scharfen Gegensatz zu Ares, der als eigentlicher Kriegsgott des wildtobenden Kampfes sich freut und darin aufgeht; sie stellt dagegen die siegreiche Thatkraft dar, den Kampf, der zum Siege und von diesem zum Frieden führt, wie ja aller Friede erst die Frucht eines vorhergehenden Kampfes ist, so im Völkerleben, wie auch bei jedem einzelnen Menschen in seinem Gefühls- und Gemüthsleben. Ihrem innersten Wesen nach ist sie somit, wie ja auch schon als Tochter der Metis, die Göttin des besonnenen Nachdenkens, in sich ruhender Klarheit, also die Göttin der Weisheit und aller milden Künste des Friedens.

Durch die Vereinigung dieser Gegensätze, kriegerischer Thatkraft und sinnender, grübelnder Weisheit, zu einem Götterwesen erhält ja nun Pallas Athene in der Reihe der Idealgestalten, welche die Plastik der Griechen aus ihren Göttern geschaffen, eine ganz eigenthümliche Stelle. Ueberblicken wir nämlich das Pantheon dieser griechischen Göttergestalten, so sondern sie sich auf den ersten Blick in zwei leicht zu übersehende Gruppen, in die männlichen und weiblichen Charaktere. Denn jene unendliche Reihe von Abstufungen der Charaktere, welche bei uns durch die Anregung und Begünstigung der persönlichen Gefühle entsteht, war der griechischen Welt noch fremd, für sie kam es nur auf die regelmäßigen und natürlichen Gegensätze an. Das höchste Vorbild reifer männlicher Würde ist natürlich Zeus, der Herrscher, mit der Ruhe und Milde, welche Macht und Weisheit verleihen. Seine Brüder, die Herrscher der unteren Reiche, schließen sich an ihn an und gleichen ihm daher in ihrer Körperbildung, ohne doch seine Schönheit zu erreichen. Asklepios und Hephästos bezeichnen eine tiefere Stufe mehr sinnlich praktischer Wirksamkeit, ohne doch den göttlichen Charakter der Zeusähnlichkeit ganz verloren zu haben. Den Uebergang zu den jüngeren Gestalten macht Herakles, der kräftige Dulder mit breitem Nacken und durch Arbeit gestählten Muskeln. Aehnlich, aber weniger derb, mit dem Ausdruck göttlicher Geburt ist der kampflustige Ares. An ihn schließt Hermes sich an, der geflügelte Bote des Zeus, in leichter, jugendlicher Form. Oft nähert er sich schon dem Apoll, in welchem das Edelste und Geistigste jugendlich männlicher Schönheit gedacht ist. Jugendlich ebenso, aber nicht mit diesem kühnen, geistigen Fluge, sondern ruhig, genießend, mit einem leisen Zuge von Sehnsucht, ins Weichliche oder ins Weibliche übergehend, beschließt Bacchos den Kreis männlicher Göttergestalten, während im Eros auch die Züge des schlanken, zum Jüngling heranwachsenden Knaben oder des heiteren Kindes ihr göttliches Vorbild haben.

Dieser reich ausgestatteten Reihe männlicher Charaktere steht nun auf der weiblichen Seite eine weit weniger entwickelte Gestaltenreihe gegenüber. Im schärfsten Gegensatz zu dem durch und durch männlichen, energischen Zeus steht Aphrodite, die holde Erscheinung jungfräulichen Liebreizes, bald mehr lockend, bald strenger aufgefaßt, aber immer völlig weiblich. Hera zeigt die königliche Würde der Herrscherin, in reinem Selbstgefühl, mütterlich, aber in strengerem Ernste; — während Demeter weniger erhaben, irdischer, aber auch mehr bewegt von der schönen Schwäche der Mutterliebe erscheint. Hestia endlich, die Schutzgöttin der Familie und der häuslichen Eintracht, hatte bei dem weniger ausgebildeten Familiensinn der Griechen geringere Bedeutung. In jedem Hause war der Herd ihr Heiligthum, selten wurden ihr daher besondere Tempel gebaut; auch wenige Abbildungen haben sich von ihr erhalten; diese aber zeigen sie als weise, würdevolle Matrone ohne besonders hervortretende Charaktereigenschaften.

Gerade nun unserm modernen Gefühl kann diese weibliche Seite des olympischen Kreises nur unvollständig erscheinen, da in ihm Gestalten fehlen, welche die liebenswürdigsten und eigenthümlichsten Züge des weiblichen Charakters zum Ausdruck bringen. Denn wenn auch in Aphrodite der Liebreiz jugendlicher Anmuth, in der Hera und Hestia das Selbstbewußtsein hoher, weiblicher Würde, in Demeter endlich sogar ein unverkennbarer Zug mütterlicher Liebe, wiewohl nicht mit aller Wärme dieses Gefühls, ausgedrückt ist, so fehlt uns doch immer die Gestalt der eigenthümlich weiblichen Zartheit und Demuth. Aber diesen Mangel werden wir sofort verstehen und erklärlich finden, wenn wir uns bei einiger Ueberlegung sagen müssen, daß dieser Zug sich mit den Begriffen göttlicher Hoheit und Selbstgenügsamkeit nicht vertrug, und daß überhaupt in der griechischen Sinnesweise dem männlichen Element eine vorherrschende Stellung eingeräumt war.

Für diesen Mangel bieten nun aber ein paar Gestalten einigen Ersatz, in welchen uns Züge entgegentreten, welche selten mit dem weiblichen Charakter verbunden vorkommen, ja schwer damit vereinbar erscheinen, und welche doch unter den Händen der griechischen Plastiker zur Erfindung und Ausgestaltung der schönsten Gestalten auf dieser weiblichen Seite geführt haben. Durch diese Verbindung aber bilden Artemis und Pallas Athene, die hier nur gemeint sein können, zugleich ebenso den Uebergang von der weiblichen Seite zur männlichen, wie Bacchos und Eros von der männlichen Seite zur weiblichen hinüberzeigen. Und gerade in diesen vier Uebergangsgestalten zeigt sich die Weise, wie die griechische Phantasie in ihrer unbewußten Körperdichtung verfuhr, von ihrer glänzendsten Seite.

Die leichteste Aufgabe bot hier dieser gestaltenbildenden Phantasie noch der jugenliche Eros dar; denn jeder wohlgebildete Knabe zeigt gerade kurz vor der Entwickelung zur vollen Männlichkeit Reize, wie sie vorher und nachher sich nicht finden. Hier also bietet die Natur dem Künstler schon das Höchste dar; er darf ihr nur folgen und nachschaffen, was sie seinem Künstlerauge zeigt. Schwieriger ist die Aufgabe bei den andern drei Gestalten und darum ihr Gelingen um so anerkennenswerther. Denn weiche, trunkene Sinnlichkeit ist eines rein männlich gehaltenen Charakters eben so sehr als einer weiblichen Göttergestalt unwürdig. Wenn nun aber der plastische Künstler jene Trunkenheit als die Begeisterung eines Jünglings, jene Weichheit als einen Zug weiblicher Empfänglichkeit auffaßt, so wird unser Gefühl nicht mehr verletzt; und beides, in der Gestalt des Bacchos verbunden, wird ein göttliches Vorbild für die Poesie des Genusses. Ebenso würde die müßig sinnende Weisheit oder der erfinderisch arbeitsame Fleiß in männlicher Gestalt ein trocknes Bild bürgerlicher Ehrbarkeit geben. Auch die Waiblust hat nicht den edlen Ernst des Krieges, ein Gott der Jagd würde roh und wild erscheinen. Denken wir uns aber die eine und die andere Eigenschaft an einer jungfräulichen Gestalt, so entsteht ein neues lebensvolles Gebilde von eigenthümlichem Reize. Und ebenso wichtig ist eine solche Verbindung für den Charakter einer stolzen Jungfräulichkeit, wie ihn Pallas Athene und Artemis tragen. Des Weibes Bestimmung ist, Gattin und Mutter zu sein; eine beharrlich abweisende Jungfräulichkeit würde daher etwas seltsam Herbes und zwecklos Eitles haben. Allein verbunden mit jenen männlichen Eigenschaften, erzeugten sich daraus die herrlichsten Gestalten, in denen sich weibliche Reinheit mit heroischer Größe in solcher Verklärung paart, daß wir selbst in dem Gebiete der Weiblichkeit, wenn sie auch sonst bei den Griechen mehr zurücktritt, ihnen einen eigenthümlichen Vorzug zugestehen müssen.

Durch diese im Verhältniß zu der natürlichen Scheidung der Geschlechter unnatürlichen oder übernatürlichen Wesen wird ja nun auch der Kreis der olympischen Götter völlig in sich gerundet; es wird verhindert, daß männliche und weibliche Charaktere in schroffem Gegensatze einander gegenüberstehen, und es zeigt sich das Bild der gemeinsamen geistigen Natur des Menschen deutlicher und unmittelbarer. Ohne den Vorzug des Naturgemäßen und Einfachen aufzugeben, gewinnen wir Erscheinungen, in welchen die mannigfaltigsten Charaktere ihre Vorbilder und Schutzgottheiten finden. Das eben ist das Schöne dieser griechischen Götterdichtung, daß die ganze menschliche

Natur darin entwickelt ist, daß selbst die Seiten, die eine strengere Ansicht nur als Schwächen tadelnd wahrnimmt, darin in Formen und Verbindungen vorkommen, welche ihre wirksame Bedeutung ins Licht setzen. Nur das völlig Verneinende, das Böse im eigentlichen Sinne des Worts blieb von dem heiteren Olymp ausgeschlossen. —

Wenn nun so Pallas Athene in dem Pantheon der griechischen Götterwelt eine so eigenthümliche Stelle zwischen der männlichen und weiblichen Göttergruppe einnimmt, so mußte dies auch in ihrer plastischen Ausgestaltung zur sichtbaren Erscheinung kommen. Und daß dies durchaus der Fall ist, darüber werden wir keinen Augenblick in Zweifel sein, sobald wir daran denken, daß Phidias es ist, welcher auch das Athene-Ideal verkörpert hat. Denn nach allem, was wir von Phidias wissen, bezeichnen seine Werke gerade dadurch die Höhe alles plastischen Kunstschaffens, daß es ihm in seinen Götterbildern gelingt, den ganzen, vollen Begriff des Gottes, den er gerade bildet, in seinem allgemeinen, abstrakten Grundwesen und zwar in abstrakter Ruhe gefaßt klar und deutlich zum Ausdruck zu bringen.

Doch als Phidias an sein Werk ging, fand er schon ein Bild der Landesgöttin vor, welches in hoher Verehrung beim Volk stand; den Grund aber für diese Verehrung gab nicht die Schönheit, sondern nur das hohe Alter des Bildes. Phidias sodann schuf das Bild der Göttin für Athen zweimal. So kam es, daß drei Bilder der Pallas Athene in Athen nacheinander vor allen andern Götterbildern verehrt wurden; und diese drei Götterbilder entsprechen auch drei Zeitabschnitten in der Entwickelungs-Geschichte des athenischen Volkes. Schon in der Urzeit hat Pallas Athene, die Spenderin des nährenden Oelbaums, die Fülle lieblicher Segnungen ausgegossen über die Wiege des Athener-Volkes. Diese Pallas Athene, die Geberin der ersten Güter, die Begründerin und Förderin der Wohlfahrt des attischen Landes, verehrte man in jenem alten, aber noch formlosen Holzbilde des Erechtheus, dem alljährlich bei den Panathenäen der neue Peplos geweiht wurde. Dann aber kam die Zeit, in der Athen sich mit dem Schwert umgürtete, an der Spitze von Hellas die Barbaren bekämpfte und, in Siegen gekräftigt, zur Blüthe seiner Macht sich emporschwang. Als Wahrzeichen dieser Zeit schuf Phidias auf der Burg das erste seiner beiden Athene-Bilder, das über Land und Meer hin sichtbare Riesenbild der Vorkämpferin im Streit, die Athene Promachos. Es war ein Koloß, über 50 Fuß hoch, welcher den Beweis lieferte, daß auch im Erzguß die attische Schule von keiner anderen überboten wurde. Sie stand unter freiem Himmel als kriegerische Göttin mit Lanze und vorgestrecktem Schilde; die goldene Lanzenspitze und der wehende Helmbusch waren die ersten Wahrzeichen, an denen die Athener, wenn sie von weiter Meerfahrt zurückkehrten, schon an der südöstlichen Spitze von Attica, am Vorgebirge Sunion, die heimische Burg erkannten. Unerschütterliche Würde und stolzer Muth waren nach dem Zeugniß der Alten in dem Bilde der Göttin ausgeprägt; sie war das Ideal, welchem das Geschlecht der Marathon-Kämpfer nacheiferte; aus der marathonischen Beute war auch das Standbild geweiht worden um die Zeit, da Aristides starb und Perikles anfing, Geltung zu erlangen.

Nachdem aber Phidias durch die Athene Promachos seinen Ruhm für alle Zeit begründet und sich zum anerkannt ersten Meister emporgeschwungen hatte, rief ihn eine noch ehrenvollere Aufgabe von Athen weg in den Peloponnes. Hier hatte in den Jahren 472—469 der Architekt Libon in der Ebene von Olympia den Zeustempel begonnen und nach etwa 15 Jahren vollendet, denn schon 457 ließen die Lakedämonier nach der Schlacht von Tanagra einen goldenen Schild als Weihgeschenk in dem vollendeten Tempel aufhängen. In dieser Zeit entstand also auch unter den kunstreichen Händen des Phidias das berühmteste von allen griechischen Götterbildern, der Zeus von Olympia, welcher, obgleich er mit seiner Goldelfenbeinpracht in hohem Grade den Raubsinn herausforderte, dennoch alle Stürme, welche über Griechenland hereinbrachen, überdauerte und jahrhundertelang, bis zur Zerstörung des Tempels selbst den höchsten Schmuck seiner Cella bildete.

Im Jahre 447 oder 446 wurde sodann auf der Akropolis von Athen der neue Tempel der Athene, der Parthenon, begonnen und im Jahre 435 oder 434 vollendet. Von dieser Zeit ab muß also auch Phidias wieder in seiner Vaterstadt gewesen sein, um hier die Parthenonskulpturen, vor allem aber das Bild der Göttin zu schaffen, welche die Cella des Tempels zieren sollte.

War die Athene Promachos noch die Göttin des älteren Athens unter der Leitung des Themistokles und Kimon, so hatte sich jetzt in der perikleischen Zeit nicht nur die Staatsidee erweitert und vertieft, sondern auch die Vorstellung von der Schutzgöttin des Staates. Der Göttin innerstes und tiefstes Wesen und mit ihm der schönste Theil ihrer Segnungen für das attische Land und Volk hatte sich entfaltet. Geoffenbart hatte sie sich nun völlig als die Göttin des lichtspendenden Aethers, in dessen Glanze die Nacht zerrinnt, als die Nachdenkliche Sinnige, um deren Stirn der freie Gedanke in schöner Klarhei schwebt; als die Förderin aller schönen Fertigkeiten und Künste und jedes aus dem Geiste stammenden Segens. Mit dem Beschluß, dieser neuen Schutzgöttin an Stelle der von den Persern zerstörten Heiligthümer einen neuen Tempel zu bauen, entstand daher auch der Plan, im Innern desselben ein neues Bild der Athene aufzustellen, das nun auch dieser neuen vertieften Vorstellung von der Göttin entsprach. Ein kolossales Prachtwerk

(197)

durfte es daher nur sein, welches im stande war, Staunen und Bewunderung zu erwecken und von dem Reichthum der großen Handelsstadt, von der Blüthe der Künste und dem religiös-politischen Leben, das in den Bürgern wohnte, ein volles Zeugniß zu geben. Darum verschmähte man auch hier nach dem Vorgange in Olympia die einfachen Stoffe und wählte die glänzendste aller Gattungen plastischer Darstellung, die Goldelfenbeinarbeit.

Werke dieser Art gingen über den engeren Bereich der Plastik weit hinaus. Denn wenn auch dem Bildhauer die Hauptaufgabe blieb, indem er die Idee des Ganzen faßte und in körperlichen Formen zu gestalten hatte, so war doch auch der Architekt dabei erforderlich, der das feste Gerüst herstellte, das den Holzkern des Kolosses bildete, der die vielerlei und vielartigen Theile desselben zweckmäßig und dauerhaft verband und das Ganze so auffstellte, daß die umgebenden Räume dazu dienen mußten, die riesigen Verhältnisse des Götterbildes recht zur Anschauung zu bringen, ohne daß ein Mißverhältniß fühlbar wurde. Endlich beruht der Gesamteindruck des Kunstwerkes ja auch wesentlich auf der Pracht und Harmonie der Farben.

Der milde Glanz der Elfenbeinplatten, welche die nackten Theile der Oberfläche bildeten, wurde durch den Schimmer des Goldes gehoben; die Wahl der bunten Edelsteine für die Augen, die Färbung der Wangen und Haare, die Vertheilung von Licht und Schatten in der Anordnung des Gewandes, dies und anderes verlangte also auch den Kunstverstand eines Malers.

Doch ein Phidias verstand es, auch solchen Anforderungen zu genügen, und nicht nur ein plastisches, sondern auch ein tektonisches und malerisches Kunstwerk war es, das aus seinen Händen hervorging. Die kolossale, 26 Ellen hohe Statue war aus Gold und Elfenbein so gearbeitet, daß im wesentlichen die nackten Körpertheile aus Elfenbein, Gewand und Waffen aus Gold waren; die Augen bestanden aus eingesetzten farbigen Steinen. Die Göttin stand aufrecht da, im langen, bis auf die Füße reichenden Gewande, über der Brust die Aegis mit dem Medusenhaupt. Den Kopf bedeckte der goldenschimmernde Helm; mit der Linken hielt sie die lange Lanze; die Hand war gesenkt, denn ihre Finger berührten den Rand des Schildes, der zur Linken neben ihren Füßen stand, und in deren Hut eine große Schlange sich emporringelte. Auf der ausgestreckten Rechten aber trug sie die geflügelte Siegesgöttin in sechs Fuß hoher Gestalt, die dem Nahenden einen hocherhobenen Siegeskranz entgegenhielt.

Reich wie der Stoff, aus dem das ganze Götterbild aufgebaut war, erscheint auch die Fülle des lieblichen Schmuckes, mit welchem einzelne Theile der Bekleidung und die Waffen geschmückt waren. Schon der Helm hatte unter der Wölbung seines hochragenden Zierraths eine Sphinx, zu beiden Seiten Greife zur Verzierung. Ebenso schmückte die äußere Fläche des Schildes ein Kampf mit den wilden Amazonen, und diese Gelegenheit hatte der Künstler benutzt, um sein eigenes und des Perikles Porträt anzubringen; auf der Innenseite aber kämpften die Götter mit den trotzigen Giganten. Selbst den Saum der Sandalen endlich umzog ein Relief, welches Kentaurenkämpfe darstellte.

Auch die nächste Umgebung des Götterbildes war seiner würdig; denn hoch und weit öffnete sich um die glanzvolle Erscheinung der Göttin ihr prächtiges Haus. In doppelter Reihe liefen die schimmernden Säulen, mit Blumenkränzen festlich umwunden, durch die Tempelhalle, in drei Schiffe sie theilend. In weitem Viereck durchbrochen war die Mitte der flachen Bedachung, so daß das Licht in den sonst fensterlosen Tempelraum und auf das Götterbild von oben herabfiel. Wundersam angemessen war diese von oben herabfallende Helle des Aethers der Würde und göttlich durchschauerten Stille des Tempels: entlastet ward durch den Aufblick zu dieser lichtumströmten Oeffnung und dem blauen Himmel darüber das Gemüth von dem überwältigenden Eindruck des glanz- und machtvollen Bildwerkes. Der Sonnenball des Helios und die Wetterwolken des Zeus zogen darüber hin; und in wechselndem Spiel der Lichter und Schatten, bald im goldig-warmen Glanze, bald vom weißen, kühlen Silberlicht umflossen, bald in Dämmerung getaucht, schien das Antlitz der Göttin wie mit veränderten Zügen, wie mit wechselnden Mienen ernster oder milder herabzublicken von seiner Höhe. In der edlen Herrlichkeit des Tempelraumes war nichts, was das Auge von der Göttin abgelenkt hätte; alles leitete zu ihr hin, selbst die Reihe der schöngeformten Weihgeschenke zwischen den Säulen. Nichts war vorhanden von jener zerstreuten und zerstreuenden Pracht, mit welcher andere Zeiten und andere Völker die Häuser ihrer Götter zu schmücken trachteten. Einsam stand in der glanzumflossenen geheimnißvoll-stillen Marmorhalle das riesig erhabene Götterbild.

Und jahrhundertelang blieb so die Göttin in der Cella ihres Tempels, ein Stolz und Hort auch des immer mehr entartenden Athens, bis es, wie so viele andere Werke der Kunst, wohl den Raubsinn der Barbaren, den es durch das rothe Gold des Gewandes, die leuchtenden Edelsteine der Augen erweckte, zum Opfer fiel. Die letzte Nachricht über seine Existenz stammt aus dem Jahre 375 n. Chr. Seitdem verliert sich jede Spur seines Vorhandenseins; das Meisterwerk des Phidias ist für immer zu Grunde gegangen; auch in den späteren Jahrhunderten ist davon nichts wieder zum Vorschein gekommen.

Freilich hat ja nun Phidias die Pallas Athene noch öfter gebildet, siebenmal, rechnen die Alten, von denen neben der Athene Promachos und Parthenos, besonders die Lemnische

Minerva, welche von den Lemniern auf die Akropolis geweiht wurde, noch berühmt war, weil sie vom Künstler zarter gehalten war. Doch auch von diesen andern Statuen ist nichts mehr vorhanden; keine von allen ist auf uns gekommen. So sind wir also, wollen wir uns ein Bild von dem Werke des Phidias entwerfen, allein auf die verhältnißmäßig genauen Beschreibungen, sowie lehrreichen Andeutungen über einzelnes angewiesen, aus denen wir ja nun auch das, was mit Sicherheit zu gewinnen ist, schon oben zusammengestellt haben.

Doch wie wenig diese Angaben ausreichen, eine der künstlerischen Auffassung des Originals entsprechende Vorstellung zu gewinnen, das lehren am besten alle früheren Herstellungsversuche. Man ließ sich dabei meist durch den überall freigebig vertheilten Schmuck verleiten, bei späteren reich ausgestatteten Athenebildern die wesentlichen Züge zu suchen, welche zu einer zierlichen und prächtigen Schönheit leiteten. Daß diese Grundanschauung von dem Kunstcharakter des Phidias falsch sei, machten die Skulpturen des Parthenon deutlich. Sie zeigten, daß wir uns die vollendete Kunst bei der reinsten Schönheit, der hinreißendsten Wahrheit nicht einfach, nicht hoch, nicht groß genug vorstellen können. Dieser gereinigten Auffassung kam die durch Kunstwerke vermittelte Anschauung auch im einzelnen zu Hülfe. Zu zwei Münzen mit dem Athene-Bilde fanden sich als besonders authentische Dokumente athenische Reliefs mit derselben Göttergestalt, bei denen es gar nicht zweifelhaft ist, daß sie das Hauptbild der Athene wiedergeben sollen. Daburch war nun von der festen ruhigen Haltung der Göttin, die nur durch das gebogene Knie etwas Bewegung bekommt, von der einfachen, großartigen Gewandung, von den Motiven der Rechten mit der Siegesgöttin, der Linken mit Schild und Lanze im allgemeinen eine bestimmte Anschauung gegeben. Schwierigkeiten aber machte noch die Schlange; mitunter fehlte sie ganz, in einem der Reliefs jedoch ringelt sie sich unter der rechten Hand in die Höhe, als sollte sie dieser zur Stütze dienen. Wohl hat nun diese Vorstellung zuerst etwas Gewinnendes; aber sie widerspricht doch der ganz deutlichen Angabe des Pausanias, der die Schlange an die linke Seite setzt. Man wird also annehmen müssen, daß es bei der Nachbildung im kleinen darauf abgesehen war, die charakteristischen Attribute der Göttin deutlicher zu zeigen, weshalb man der Schlange diesen hervorstechenden Platz anwies. Aber auch hierüber sollte die Aufklärung nicht ausbleiben.

Im Jahre 1859 wurde aus den Antiken des Theseums in Athen eine kleine Marmorstatuette der Athene hervorgezogen, welche unvollendet geblieben ist, aber die Motive der Parthenos des Phidias so bestimmt wiedergiebt, daß sie als Nachbildung derselben nicht zu bezweifeln ist. Zwar fehlen die Lanze und die Siegesgöttin, offenbar weil beide selbständig hinzugefügt werden sollten; aber die Schlange ist da, zur Linken neben der Stelle, wo die Lanze aufgesetzt sein mußte. In der Höhlung des Schildes ringelt sie sich in die Höhe, von diesem bedeckt, so daß das mächtige Thier, furchtbar von Anblick, doch untergeordnet wie im Dienste der Göttin erscheint. Mit dem genialen Blick des wahren Künstlers hat Phidias eine natürliche Eigenschaft der Schlangen, die solche Schlupfwinkel suchen, zu einem künstlerischen Motiv gemacht, wodurch eine unschöne Lücke wohlgefällig für das Auge ausgefüllt und ein bedeutsames Attribut, ohne es vorzudrängen, augenfällig gemacht wird. So klein und unfertig die Statuette auch ist, so gewährt sie doch eine viel wirksamere Anschauung als Reliefs und Münzen. Die kräftigen, vollen, breiten Formen des Körpers, neben denen das feine, edle Profil des Gesichts merkwürdig absticht, die gradlinigen, großen Faltenmassen, die ruhige, durch die gerade Haltung des Kopfes, die fast parallele Bewegung der Arme noch befestigte Stellung machen einen gleichsam architektonisch wirkenden Eindruck, der

(202)

nachdrücklich auf den Charakter des Tempelbildes hinweist, das ja immer als Krönung der Tempelhalle gedacht war, in welcher es seinen Platz einnahm.

Doch so sehr viel ist nun mit diesen Funden ja auch nicht gewonnen; vor allen Dingen läßt sich Kopf, Gesicht und geistiger Ausdruck der Göttin aus diesen immerhin doch nur schwachen Ueberresten nicht wieder herstellen. Aber auch dies, wie es Phidias geschaffen, ist nicht ganz für uns verloren gegangen, denn mit diesen seinen Athene-Bildern hatte Phidias ein für allemal den Typus der Göttin festgestellt. Der höchste Ausdruck für das Wesen desselben war gefunden. Die späteren griechischen Plastiker konnten diesen Typus wohl variiren, mußten sich aber in der Hauptsache auf Wiederholung desselben beschränken. Galten doch für den griechischen Künstler in Bezug auf die Nachbildung vorhandener Kunstschöpfungen ganz andere Gesetze, als für den modernen, der vor allem nach Originalität strebt und nicht bloß Nachbildner sein will.

Denn für den Griechen war die Kunst Lebensbedürfniß. Die Griechen allein haben von den Göttern das Schöne zum Guten erfleht; so wenig konnten sie beides sich getrennt denken. Die Schönheit war ihnen der vollkommen entsprechende Ausdruck des Guten. Darum dachten sie sich auch ihre Götter in tadelloser Menschengestalt; und noch Aristoteles sagt: „Wenn wir einem Menschen begegneten von solcher Schönheit, wie unsre Künstler den Apoll darstellen, wir würden ihm wie einem Gott huldigen."

Diese Schönheit war aber nicht etwas aus der Phantasie Geborenes, kein willkürlich hingestelltes Ideal, sondern aus der schärfsten Naturbeobachtung hervorgegangen. Der Hermes des Praxiteles macht nur deshalb noch heut den Eindruck der beglückenden Befriedigung, weil wir hier eine Jünglingsgestalt sehen, wie sie in Wahrheit ist, aber bei der Unvollkommenheit alles Menschlichen nirgends unverkümmert erscheint. Die Griechen haben das wahre Sein im Sichtbaren erkannt und es, von allen zufälligen Mängeln befreit, dargestellt. Daher haben sie eine für alle Zeit gültige Vollkommenheit erreicht, die wir mit dem Ausdruck des Klassischen bezeichnen. Ihnen ging die geistige Hoheit und Würde vollkommen in der Gestalt auf, darum suchten sie diese auch ganz und voll zu geben; daher das Vorwiegen der bildenden Kunst vor Zeichnung und Malerei. Die christliche Kunst dagegen hat bei allem Ringen nach Vollkommenheit immer das Gefühl, daß ihr eigentliches Ziel unerreichbar sei, ein transscendentales; und es geht durch ihre Werke ein leiser Zug des Verzagens, wie er in dem Antlitz einer Mutter Gottes uns so innig zum Herzen spricht. Sehen wir dagegen den Kopf einer Juno Ludovisi! Da ist kein Schatten, der die Klarheit trübt, da ist das volle Ebenmaß, die volle Harmonie des Geistigen und Körperlichen. Was man wollte, ist erreicht; und die siegreiche Gewißheit des Künstlers theilt sich dem Beschauer mit.

Daher dieser Eindruck einer vollen Befriedigung und Beruhigung, wenn man vor antiken Götterbildern steht. Weil die verklärte Menschengestalt für die vollentsprechende Form des Göttlichen galt, war ihre Darstellung ein Gottesdienst und bestimmt, im Sichtbaren das Unsichtbare und Ueberweltliche zu offenbaren. Daher der heilige Ernst, mit dem in guter Zeit die Kunst betrieben wurde; daher vor allen Dingen, was für uns hier die Hauptsache ist, das Festhalten an der Ueberlieferung, die stufenweise fortschreitende Vervollkommnung der Götteribeale, welche jedes Haschen nach Originalität zurückdrängte.

Um so mehr aber mußte der griechische Götterbildner auf solche Originalität verzichten, da er ja bei seinem Schaffen für das ganze Volk arbeitete, sofern er also dabei an die Vorstellungen des Volkes gebunden war. War es nun einem Künstler

(204)

gelungen, diese Vorstellungen des Volkes so zu verkörpern, daß seinem religiösem Bedürfniß dadurch volles Genüge gethan war, so durfte ein späterer Künstler diese Form nie mehr unberücksichtigt lassen, wenn er dem Volke nicht geradezu unverständlich werden wollte. Nur in Nebendingen, in Gebärde, Haltung und Gewandung etwa hatte er Freiheit; jedes Umgestalten aber von Grund aus war ausgeschlossen. Nachdem also Phidias das Athene-Ideal einmal sichtbar hingestellt und damit den Besten seines Volkes genug gethan hatte, blieben alle späteren Athene-Gestalten, so viele ihrer auch geschaffen wurden, mehr oder minder von dem von Phidias Geschaffenen abhängig; ja gerade diejenigen von diesen späteren galten den Alten und gelten noch uns als die vorzüglichsten, von denen geglaubt wurde und noch wird, daß sie am meisten von der Schöpfung des Phidias bewahrt haben.

Dies gilt denn zuerst von der schönen Büste dieser Göttin, welche vormals der stolzeste Schmuck der Villa Albani war, gegenwärtig aber unter den unvergleichlichen Kunstwerken der Münchener Glyptothek aufbewahrt wird. Der hohe Visirhelm ruht, einem Kopfschmuck gleich, nur lose auf dem gewellten Haar des nach vorn gesenkten Kopfes; lose nur liegt auch die schmale Aegis, deren Ränder wild sich ringelnde Schlangenleiber umsäumen, auf dem faltenreichen Obergewande.

Dazu gesellt sich die trefflich erhaltene Pallasherme aus Herkulanum, welche gegenwärtig im Museum in Neapel aufbewahrt wird. Auch sie hat den Kopf ein wenig nach vorn gesenkt; welliges Haar ringelt sich bis in die Stirn aus dem Helm hervor, dessen vorderer Rand in die Höhe gestülpt und vorn mit einem Medusenkopf besetzt ist. Im Nacken ringeln sich die Haarlocken aus demselben hervor bis auf das leichte Untergewand, das hier auch der Aegis entbehrt.

Diese beiden Büsten werden aber erst wahrhaft verständlich,

wenn wir sie mit der zu Ende des vorigen Jahrhunderts bei Velletri entdeckten Kolossalstatue der Pallas, jetzt im Louvre zu Paris, in Verbindung setzen. In ihr kehren die Züge der Albanischen Büste fast identisch wieder; wäre nun die Ausführung dieses wunderbar glücklich erhaltenen Denkmals so breit und geistvoll, wie die jenes herrlichen Kopfes, so würden wir von der Gesamtwirkung der Pallasstatuen des Phidias einen noch weit klareren und reicheren Begriff erhalten. Leider aber gehört diese Arbeit einer Zeit an, in welcher der Sinn für die großartige Einfachheit und den kräftigen Vortrag des Originals bereits abhanden gekommen war, so daß wir dessen erhabene Grundzüge unter einer Masse verwirrender Einzelheiten, die noch dazu mit einer gewissen Trockenheit und Anmaßung hervorgehoben sind, mühsam aufsuchen müssen.

Besser und wohl die schönste von allen auf uns gekommenen Pallasstatuen ist dann endlich jenes in seinen Haupttheilen auch trefflich erhaltene Standbild, welches vormals eine hohe Zierde der Giustinianischen Sammlung war und jetzt unter den Kostbarkeiten des vatikanischen Braccio Nuovo in Rom eine hervorragende Stelle einnimmt. Sie steht in erhabener Ruhe vor uns, mit der Linken nachlässig und sorglos in die Falten des Mantels greifend, welcher über die linke Schulter gezogen ist und den größeren Theil des Körpers in breite Faltenpartien einhüllt. Unter den Knien kommt der feingefaltete Aermelchiton zum Vorschein, der über der Brust durch Umschlagen verdoppelt ist. Der schlangenumsäumte Schuppenharnisch, auf welchem die Gorgonenmaske aufgesetzt ist, bildet einen wahrhaften Schmuck. Die Rechte hält den Speer scepterartig gefaßt, und auf dem Haupte ruht, einem leicht aufgedrückten Kranze gleich, der Helm, dessen Wangendecken Widderköpfe und dessen Scheitelwölbung eine Sphinx schmückt.

Diese vier Nachbildungen werden wir sicher ohne Scheu

benutzen dürfen, um an ihnen die Bedeutung des Werkes des Phidias näher zu prüfen und um endlich die doppelte Frage zu beantworten: zuerst, welches Ideal schwebt Phidias beim Schaffen seines Götterbildes vor? und sodann: wie kommt dies Ideal in dem Bildwerk zum Ausdruck?

Wir haben oben gesehen, daß die Dichter, besonders Homer und Hesiod, den Hellenen ihre Götter gemacht; dazu fanden wir, daß den Griechen der Gedanke der Ausschließlichkeit völlig fern blieb: keinem Gott, von dem sie auch nur oberflächliche Kunde erlangten, verweigerten sie göttliche Ehre. So kam es, daß die einzelnen von den Griechen verehrten Götter in ihrem Wesen und Wirken durchaus nicht scharf umrissene Gestalten sind, sondern etwas eigenthümlich Freies und Unbestimmtes bekamen, wie wir ähnliches in keiner anderen Religion sonst finden. Während z. B. die Heiligen der katholischen Kirche ihr meist eng begrenztes Wirkungsfeld haben, so daß bei Wassersgefahr die Hülfe des einen, bei Feuersgefahr die des anderen angerufen wird, erwartet und erfleht der Grieche meist von jedem seiner Götter Hülfe in jeglicher Noth. Nicht der Wirkungskreis, nicht das dem Gotte aufgetragene Amt trennt die einzelnen Götter voneinander, sondern meist nur das räumliche Gebiet, in dem sie besonders verehrt werden. Jede Landschaft, jede Stadt hatte ihren Lokal-Gott, den sie vor allen andern verehrt, dem sie dann aber auch die Sorge für alle Noth überträgt, zu dem sich die ganze Stadt und jeder Einzelne in jeder leiblichen und geistigen Noth hülfeflehend wendet.

In Athen war es nun Pallas Athene, welche von Alters her als höchste Schutzgöttin des attischen Landes verehrt wurde, von der daher auch die verschiedenartigsten Gaben und Wohlthaten erwartet und erfleht wurden. Ueberwogen dabei in älterer Zeit die physikalischen Beziehungen auf Ackerbau und Baumzucht, so wurden in der späteren mehr die ethischen d. h.

(207)

die Eigenschaften des kriegerischen Muthes und der künstlerischen Erfindung an der Göttin hervorgehoben.

So ist sie denn zuerst die Göttin des Krieges. Nie verläßt sie der Muth, aber auch nicht die Besonnenheit, selbst in der äußersten Gefahr ist sie hülfreich, und ist ein Augenblick der Ruhe eingetreten, dann erquickt sie ihre Helden mit milden Gaben und herrlichem Lohn. Sie ist die personificirte Tapferkeit, aber nicht die sinnlos stürmende, sondern die immer besonnene, die sich höherer Zwecke bewußt ist; daher die Sage sie gern mit der Aphrodite, der weiblichen und ganz weibischen Gottheit, aber auch mit Ares, dem berserkerartig wüthenden kontrastirte. Deshalb ist sie denn auch die personificirte Siegesgöttin, die ohne Sieg und Preis gar nicht zu denken ist. Auch in ritterlichen Uebungen ist sie wohlerfahren; verschiedene Helden rühmten sich, die Zucht und Bändigung der Rosse unmittelbar von Athene gelernt zu haben.

Nicht weniger anbetungswürdig aber war Athene wegen vieler und großer Werke des Friedens, womit sie ihr Land beglückte. Zunächst läßt sie sich schon die leibliche Pflege ihrer Landesbewohner angelegen sein. Ein Besuch auf der Akropolis galt für eine Förderung der Ehe; den neugeborenen Kindern wurden aus Gold getriebene Schlangen angelegt und ihren Wiegen die Gestalt von Schlangen gegeben; beides in Erinnerung an den Pflegling der Athene, den schlangenfüßigen Erechthonios, wie die Göttin auch auf mehreren schönen Vasengemälden den kleinen Erechthonios von der Gäa mit mütterlicher Sorgfalt zur Pflege entgegennimmt. Als Göttin des reinen Himmels und der gesunden Luft ist sie aber auch eine Göttin der Gesundheit, welche böse Krankheiten abwehrt und für den Zuwachs der Familien und Geschlechter sorgt. Und wie alles Staatsleben der Griechen von der Familie ausgeht, so wird aus der Göttin des Haussegens auch die Schutzgöttin der

Stadt und des Staates, welche, wie Aeschylos sagt, als guter Geist und mit eindringlicher Beredsamkeit auch in der Volksversammlung waltet. Ja auch zur Stifterin des Areopags wird sie, durch dessen Stiftung sie nach der attischen Landessage den unversöhnlichen Streit rächender Dämonen und schützender Gottheiten zum ewigen Segen ihrer Lieblingsstadt schlichtete.

Doch auch auf das Einzelne erstreckt sich ihre Sorge. Ihr liegt die Pflege des Oelbaumes ob, den Attika sich vor allen Ländern von ihr empfangen zu haben rühmt. Mehr noch steht sie mit aller Kunstübung in Beziehung, so mit der weiblichen Kunstarbeit des Spinnens und Webens; Niemand durfte mit ihr in der Kunst des bilderreichen Gewebes wetteifern. Aber auch sonst wurde alle künstliche Schmuckarbeit von ihr abgeleitet, so die Kunstarbeit des Zimmermanns, des Goldarbeiters, des Schmiedes und Wagners, des Töpfers und des Schiffszimmermanns; überall ist es hier Athene, die dem arbeitenden Menschen als Erfinderin helfend zur Seite steht. Andere ihrer Erfindungen sind musikalischer und orchestischer Art. So erfand sie nicht nur die Flöte und zwar darauf gebracht durch das Wehklagen der Gorgonen, als Perseus deren Schwester, die Medusa, enthauptete, sondern auch die kriegerische Trompete; ja auch als Erfinderin der Pyrrhiche galt sie, des kriegerischen Waffentanzes, den sie selbst zur Feier des Sieges über die Giganten zuerst getanzt hatte, und der deshalb ihr zu Ehren an den Panathenäen mit bedeutender mimisch-orchestischer Ausstattung aufgeführt wurde.

Endlich ist Athene als Göttin der himmlischen Klarheit und als jungfräulich reines Wesen zugleich die Macht der geistigen Klarheit und Besonnenheit, die sich in gleichgearteten Menschen und Erfindungen offenbart. Deshalb ist sie in der Odyssee die Schutzgöttin des ihr geistig verwandten, weil stets besonnenen und erfinderischen Odysseus, während sie in der

Ilias beim Streit des Achill und Agamemnon dem Ersteren wie die personificirte Besonnenheit erscheint. Daß nun gerade in Athen diese Seite der Göttin vorzüglich hervorgehoben wurde, ist um so begreiflicher, weil gerade die reine attische Luft, wie Euripides besonders dies gern rühmt, auch der Nahrung und Pflege des Geistes mehr als irgendwo zuträglich war. Und wo hätte sich eine Gottheit als das innerste Wesen, als die Seele eines Landes großartiger bewährt, erhebender von sich gezeugt, als in dieser unvergleichlichen Stadt, wo der Reisende noch jetzt den Spuren der alten Schutzgöttin auf der durch sie für ewig geweihten Burg mit tiefergriffenem Gemüthe nachgeht! —

Dies also war die reiche und vielseitige Thätigkeit der Athene für ihre Stadt. Wie sollte nun Phidias von dieser Göttin, die mit ihrem Wirken und Schaffen in so viele Lebensgebiete eingriff, ein Bild schaffen, das allen diesen Beziehungen und all' dieser Thätigkeit gerecht wurde! Ein Künstler unserer Zeit würde sich da freilich bemühen, wenigstens so viel wie möglich von diesen Beziehungen an seinem Götterbild zur Darstellung zu bringen. Doch ein Künstler der antiken Zeit brauchte dies nicht, ja er durfte es nicht einmal. Die antike Welt verlangt von einem Kunstwerk vor allen Dingen Klarheit und Einfachheit; besonders der Kunst des Phidias kommt es ja nur darauf an, das innerste Grundwesen des Gottes zum plastischen Ausdruck zu bringen. So mußte er sich im Gegentheil zuerst von allen Einzelheiten frei machen und sich einen Punkt suchen, von dem aus sich für ihn das Bild der Göttin aufbaute. Dieser Punkt nun war wohl nur zu finden in der Sage von der Entstehung der Göttin und zwar der Sage, wie sie in Athen von Allen geglaubt wurde. Denn gerade das, was in der Athene-Mythe so einzig dasteht, ist ja die Geburt der Göttin aus dem Haupt des Zeus. Hierdurch gewinnt sie in dem ganzen Götterkreise schon von vornherein eine ganz eigenthümliche Stellung; in ihr Leben wird dadurch etwas hineingebracht, was sie nicht nur von den anderen Göttern absondert und sie vereinzelt, mehr noch wird sie dadurch den Menschen fern gerückt; sie steht für den Menschen in einer höheren Daseinssphäre als alle anderen Götter.

Denn jedes Menschenleben zerfällt in die Zeit der Knospe, die Kindheit, die Zeit der Blüthe, die Jugend, die Zeit der Frucht, das gereifte Alter; und jeder dieser Lebensabschnitte bringt eine eigene Gefühls- und Daseinsweise mit sich. Das Kind sehnt sich hinaus aus der Enge seiner Verhältnisse, es träumt sich hinein in die Zeit des Jünglings, der Jungfrau; kommt dann diese Zeit, so öffnet der Mensch, wie die Blume ihren Blätterkelch dem Sonnenlicht entgegenöffnet, seinen Geist der Welt. Die Sinne, erwacht aus ihrem traumhaften Zustande und geleitet von entschiedenem Willen und klarem Bewußtsein, führen jetzt dem empfänglichen Innern selbstthätig und suchend die Eindrücke der äußeren Welt zu. Es wird hell im Geiste des Menschen; er überblickt nicht bloß die Bedeutung seines gegenwärtigen Zustandes, sondern bildet sich auch, unwillkürlich an diesen seine Gedanken anreihend, eine Welt der Zukunft, die freilich mit der wirklichen in vielen Stücken nicht harmonirt, eben eine Welt der Ideale. Dieser Welt der Ideale stellt sich dann aber im reiferen Alter die Welt des praktischen Lebens entgegen; und je kühner jene aufgebaut war, um so leichter und um so erschütternder ist jetzt ihr Sturz unter dem unerbittlichen Andrängen dieser. Nur treue Pflichterfüllung macht das Leben jetzt noch lebenswerth; nur williges Verzichtleisten auf alle Ueberschwenglichkeiten der Jugend erspart dem Menschen den Schmerz fortgesetzter Täuschung. So giebt es auf keiner Stufe des Menschenlebens volle, reine Befriedigung; entweder läßt die Sehnsucht das Menschenherz unruhig schlagen, oder die Resignation hemmt den freudigen Pulsschlag des Lebens.

Deshalb ist es ja auch ein sinniger Zug der biblischen Sage, daß Adam und Eva sogleich fertig aus der Schöpferhand Gottes hervorgingen. Mit der Seligkeit des Paradieses verträgt sich die Entwickelung des Menschen vom Kinde zum Jüngling und Mann, zur Jungfrau und Mutter nicht. Erst nach der Vertreibung aus dem Paradiese konnte daher auch das „mit Schmerzen Geborenwerden" anfangen.

Ganz ebenso verhält es sich ja nun auch mit Pallas Athene. Fertig geht sie aus dem Haupt des Zeus hervor. Mutterlos, ohne je mütterlicher Sorge zu bedürfen und mütterliche Liebe zu genießen, steht sie vom ersten Augenblicke ihres Daseins fest auf den eigenen Füßen. So gewinnt sie von vornherein eine Selbständigkeit, wie sie sonst dem Weibe nicht eigen ist. Weibliche Schwäche, das Bedürfniß, sich anzulehnen an einen stärkeren Halt, hat sie nie gekannt; ihr ganzes Wesen und Auftreten ist das eines fest auf sich vertrauenden Mannes.

Dies kommt ja nun auch nach den oben gegebenen Nachrichten über die Athene Parthenos in der plastischen Darstellung der Göttin durch Phidias zum deutlichen Ausdruck. Schon beim ersten Blick mußte dem Beschauer diese Selbständigkeit in der ganzen Haltung und in dem Aufbau der Gestalt entgegentreten. In erhabener Ruhe steht auch die Minerva Giustiniani vor uns, mit der Linken nachlässig und sorglos in die Falten des Mantels greifend, während die Rechte den Speer scepterartig gefaßt hat. In breiten Massen legt sich das Gewand um die hochaufgerichtete Gestalt und giebt ihr eine imponirende Fülle; geradlinig verlaufen auch die parallelen Falten nach unten; jede hastige Bewegung, jede Unruhe ist an dieser Gestalt undenkbar. Dieselbe Selbständigkeit blickt uns ebenso aus der ein wenig bewegteren Gestalt der Minerva Velletri entgegen: die Göttin erhält durch die hohen, kothurnähnlichen Sandalen, auf denen sie einherschreitet, und den spitz emporgethürmten Helm ein wahrhaft riesenmäßiges Aussehen. Dieses wird noch dadurch gehoben, daß die ganze Körperlänge trotz der doppelt aufgelegten Gewandmassen ein sehr schmales Verhältniß darbietet. Einer hochaufragenden Säule gleich steigt die aufrechtstehende Gestalt mit fest eingehaltenen Parallelen der Hauptumrisse bis zu den Schultern empor, und da der linke Oberarm ebenfalls innerhalb der Grenzen dieser Linien verbleibt, ja, so zu sagen in dieselben hineingedrängt erscheint, so gewinnt dadurch die ganze Erscheinung einen noch geschlosseneren Charakter. Um so imposanter ist die Wirkung des bedeutsamen Gestus, zu welchem die Rechte emporgehoben ist. Durch diese mimische Bewegung bekommt das großartige Götterbild einen gewaltigen, tiefergreifenden Ausdruck. Wir erwarten, ihre gebietende Stimme zu vernehmen, die uns auffordert, wie sie selbst fest und sicher in dem Wirrniß des Menschendaseins unseren Weg zu gehen. Nur durch ein leises Vorschreiten des rechten Fußes wird die feierliche Ruhe, die über die hohe Gestalt ausgegossen ist, unterbrochen.

Gewiß also ist diese Haltung auch der von Phidias geschaffenen Athene schon eigen gewesen; erst aus seiner Schöpfung ist sie in die späteren Athene-Bilder übergegangen. Ja bei dem Original des Phidias mußte diese selbständige Haltung noch ganz bedeutend gehoben werden durch das goldene Gewand, das in reicher Fülle bis zu den Füßen herabfiel. Denn bei weitem mehr, als dies bei dem lichteinsaugenden und ausstrahlenden Marmor der Fall ist, mußten die gediegenen Massen des Metalls der Göttin den Ausdruck unverrückbaren Feststehens und unerschütterlicher Ruhe geben. Dazu bildete sie außerdem den weithinsichtbaren Abschluß der mit Blumenkränzen umwundenen mittleren Säulenreihe des Tempels, stehend auf hohem Postament unter dem durchbrochenen Tempeldach, so daß weite Lichtmassen auf sie herabflossen, also hochaufragend, imponirend, lichtumflossen stand sie da, nur auf sich selbst gestellt und in eigener Kraftfülle.

Mit dieser ersten Eigenschaft, die Phidias an seiner Göttin zur Darstellung bringt, war ja nun auch sofort eine zweite gegeben. Denn mit dieser Selbständigkeit der Göttin, diesem ihr innewohnenden Kraftgefühle steht es in engster Verbindung, daß sie sich auch in ihrer Thätigkeit nicht genügen läßt an der gewöhnlichen Beschäftigung des schwächeren Weibes; ihr mehr männlicher Sinn treibt sie, theilzunehmen an der Lieblingsbeschäftigung des Mannes, an Leibes- und Waffenübung; er stellt sie vor allen andern Göttinnen in die Reihe der kämpfenden Götter, macht sie zur Göttin des Krieges. So durften bei einer Darstellung der Göttin auch Lanze, Helm und Schild nicht fehlen, diese kriegerischen Attribute, mit denen die Mythe sie schon bei der Geburt aus dem Haupte des Zeus in die staunende Götterversammlung hineinspringen läßt. Auch bei der Athene Parthenos schmückt den edlen Kopf daher ein goldener Helm, unter dem das volle Haar hervorquillt; die Brust ist gepanzert mit der Aegis, aus deren Mitte das Medusenhaupt hervortritt, Lanze und Schild lehnen an ihrer Linken, während die Rechte die Siegesgöttin dem Nahenden entgegenhält.

Doch ist für Athene der Kampf niemals Selbstzweck, wie wohl für Ares. Nicht an jedem Kampfe nimmt sie theil. Auch unter den Menschentöchtern auf Erden giebt es ja kriegerisch Gesinnte, die im rechten Moment die Zaghaftigkeit des Weibes vergessen und kühner That fähig sind. Mit sicherem Takte läßt Goethe seine Dorothea aber nur da vor blutiger That nicht zurückschrecken, wo es gilt, von den ihr anvertrauten Schützlingen rohe Gewalt abzuwenden; eine Jungfrau von Orleans und die Heldinnen der Freiheitskriege greifen nur zum Schwerte, weil das Vaterland von übermüthigen Feinden verwüstet und geknechtet wird. So giebt es auch für

Athene nur einen Kampf. Sie, die Tochter des Zeus, des Gottes des lichten Sonnenhimmels, sie, die nach der ältesten Naturmythe in dem strahlenden Lichtglanz, der nach dem Gewittersturm am wolkenreinen Himmel emporflammt, angeschaut wurde, muß vor allem ihre Waffen gegen die dunklen, noch ungebändigten Naturgewalten kehren; wo aus den alten, von Zeus überwundenen Götterkreisen, die Ordnung und Gesetz nicht kannten, sich noch etwas in den neuen, von Zeus mit Gerechtigkeit und Weisheit verwalteten Himmel hineingerettet hat und mit noch ungebändigter Leidenschaft die Ordnung zu stören droht, da tritt Athene ein, um Frevel und Uebermuth zu wehren, damit Recht und Gesetz zur Geltung komme.

Und für den Griechen hinreichend klar weiß Phidias auch dies an seiner Göttin zum Ausdruck zu bringen. Amazonen, Giganten und Kentauren sind ja für den Griechen nichts als Symbole dieser alten, noch ungebändigten Naturkräfte, die als Erdbeben, Gewitter oder Wassersturm noch oft in das Menschenleben verheerend hineingreifen; deshalb also schmückt der Künstler die Schildfläche und die Sandalenränder mit Kämpfen der Amazonen, Giganten und Kentauren. Auch das grausige Medusenhaupt auf der Aegis seiner Göttin kennt der zu ihr betende Grieche als Zeichen ihres Sieges über die dunklen, dämonischen Mächte, die Widersacher menschlichen Glücks und weiser Lebensordnung; er weiß, wem es Schrecken bringen soll; er dagegen hat von seiner Göttin nur Gnade und Huld zu gewärtigen.

Aber nur für den ganz nahe an die Göttin Herantretenden konnte dieser Zierrath der Massen sichtbar werden; der entfernter Stehende konnte wohl nur das Medusenhaupt erkennen; und konnte dies nun ausreichen, um dies so wichtige Moment in dem Charakterbilde der Athene zum Ausdruck zu bringen? Aber gerade diese Seite der Göttin war ja schon in ausführlichster

Weise am Außenbau des Tempels dargestellt und zwar im westlichen Giebelfelde, wo der Kampf der Athene mit Poseidon geschildert war. Doch was hat dieser Kampf mit der hier in Frage kommenden Eigenschaft der Athene zu thun? Nun, in diesem Kampfe wird Poseidon besiegt, er muß beschämt und in hellem Zorn vom Kampfplatz weichen, weil seine Gabe für das Land weniger Werth hat, als die der Athene. Obgleich auch er einer der olympischen Götter, ja auch er durch seine Gabe ein Wohlthäter des Landes ist, muß er es sich gefallen lassen, vor den von ihr Beschenkten als der Besiegte dargestellt zu werden. Entspricht dies dem sonst so religiösen Sinn des griechischen Volkes? Wie erklärt sich diese für den Poseidon so demüthigende Darstellung? Doch nur aus der eigenthümlichen Rolle, welche Poseidon gerade unter den olympischen Göttern für die Attiker spielt. Hatte Zeus nach dem Sturze der alten Willkürherrschaft durch Kronos die neue Weltordnung, in der Gerechtigkeit und Weisheit regiert, aufgerichtet, so behielt allein Poseidon unter allen Göttern in den Augen der Athener immer noch etwas von der alten Titanennatur; er blieb auch jetzt noch mehr oder minder ein Repräsentant der nach Willkür wirkenden Naturkräfte. Denn wenn auch der Reichthum Athens auf dem Meere beruhte, so lernten doch die Athener nicht nur die Tücken des Meeres nur zu oft kennen, sondern auch das ganze Fruchtland der attischen Ebene mußte unter dem Schutze der Athene in fortwährendem Kampf dem Meere, also dem Poseidon abgerungen werden; denn von der Phaleronischen Bucht aus versuchte Poseidons ungestümes Element immer wieder in das Land hineinzudringen, um zu verschlammen und zu vernichten, was Menschenfleiß bebaut hatte. Nicht durch ihre Gabe also wurde Athene die eigentliche Schutzgöttin des Landes, sondern vielmehr dadurch, daß sie Land und Volk gegen Poseidon in ihren Schutz nimmt. Sie, die Ordnungs-

(216)

liebende und Maßhaltende, tritt dem Stürmenden und Ungebärdeten entgegen und bändigt seinen Ungestüm. Und zwar dies durch ihre Gabe, den Oelbaum, denn das Oel hat ja die Kraft, das erregte Meer zu besänftigen, seine aufgeregten Wogen zur Ruhe zu bringen. Und die Natur selbst hatte den Griechen diese Eigenschaft des Oels gezeigt, denn an solchen Küstenplätzen, wo sich Erdölquellen ins Meer ergießen, bleibt die See auch bei heftigen Winden ruhig und die Brandung ist eine dort unbekannte Erscheinung. Ganz allgemein benutzten denn auch die Taucher dies Mittel, wenn sie Perlenmuscheln und Korallen suchten. Sie nahmen beim Hinabtauchen den Mund voll Olivenöl und spritzten es von sich, um in der Tiefe Licht für ihre Nachforschungen zu gewinnen; denn die Kräuselung der Meeresoberfläche durch kleine Wellen hindert das Eindringen des Lichts in genügender Menge, und so hat die Ausspritzung des Oels eine Aufhellung in der Tiefe zur Folge. In dem Mythus von dem Kampf der Athene mit Poseidon ist also wieder ein einfacher Vorgang der Natur zu einer lebensvollen Handlung umgeschaffen. Und bei dieser Auffassung des Mythus steht ja Athene viel höher da. Sie wird nicht nur zur Erhalterin des attischen Landes, insofern sie es dem ungestümen Andrängen des Poseidon immer wieder abringen hilft, sondern zeigt auch hier wieder den Werth des Maßhaltens dem Ungestümen gegenüber, bringt somit Kultur und Sittlichkeit unter die Bewohner. Phidias freilich konnte nun den Mythus in dieser Auffassung nicht darstellen, denn wie sollte die beruhigende Kraft des Oels auf das Meer plastisch dargestellt werden? Ja auch schon der Wettstreit durch die beste Gabe der beiden Götter ist wenig zur Darstellung geeignet; gerade die Mitte des Giebelfeldes mit dem Salzquell und dem Oelbaum blieb eigentlich in der sonst so lebendigen Handlung ein todter Punkt. Auch diese Darstellung schon war nur ein Nothbehelf, der an

den eigentlichen Kampf der Gottheiten nur erinnern konnte. —
Wie aber die griechischen Dichter uns berichten, mischt sich
Athene auch in die Reihen der kämpfenden Menschen, doch nicht,
um hier selbst blutige Wunden auszutheilen, sondern nur als
gnadenreiche Beschützerin des von ihr erwählten Helden. Und
gerade hier nun zeigt sie, daß sie doch auch Weib ist; gerade
da, wo sie sich von Frauenart am weitesten entfernt, zeigen sich
bei ihr eigenwillige Herzensregungen, wie sie nur dem weiblichen
Charakter eigen zu sein pflegen. Hat sie nämlich einmal einen
Helden ihres Schutzes für würdig befunden, so tritt sie nach
echter Frauenart überall und in jedem Falle voll und ganz
für ihn ein. Einem Achill zuliebe täuscht sie auch Hektor,
der doch an mannhafter Tüchtigkeit und Heldensinn dem Achill
wahrlich nicht nachsteht; nur dadurch, daß sie in der Gestalt
seines Bruders Deïsobos Hektor zu Hülfe eilt, bewegt sie diesen, vor
dem götterentsprossenen, ihm daher überlegenen Achill nicht
weiter zu fliehen. In Hektor sieht sie nur „einen sterbenden
Mann, der bestimmt längst war dem Verhängniß"; für ihn
kennt sie kein Mitleid; die Sorge für den Ruhm ihres Lieblings
Achill läßt sie alles andere vergessen. Und dabei ist Achill
noch nicht der von der Göttin vor anderen am meisten bevor-
zugte Held; näher steht ihr noch der erfindungsreiche und listen-
gewandte Odysseus.

Doch solche und ähnliche Charakterzüge der Göttin finden
wir ja nur bei Homer und in der älteren Dichtung. Gerade
die hohe Aufgabe der griechischen Plastik war es nun aber,
diesen noch mehr oder minder unmoralischen Göttern gegenüber
eine Reihe von Idealgestalten, von Vorbildern menschlich-göttlicher Hoheit auszugestalten. So dürfen wir in den Athene-
bildern der Blüthezeit von solchen Zügen nichts mehr zu finden
erwarten; am wenigsten bei Phidias, dem ersten Meister der
strengen Ideal-Plastik. Erst die Meister einer späteren Zeit

benutzten vielleicht solche Züge der alten Dichtung, um die mit dem Grundwesen der Athene nothwendig verbundene Herbigkeit etwas zu sänftigen und zu mildern.

An die Stelle ernster Erhabenheit bringen sie daher Schönheit und liebliche Anmuth in die Züge der Göttin, so die überlebensgroße Büste, welche aus dem Grabmal des Hadrian stammt und gegenwärtig in der Statuengalerie des vatikanischen Museums aufgestellt ist, in der die Göttin mit fast mädchenhaftem Ausdruck in die Ferne schaut und den Ausgang einer Begebenheit mit Spannung abzuwarten scheint. Anmuthsreicher noch ist die Darstellung der Pallas mit dem Gorgonenhelm auf dem Bruchstück eines Hochreliefs, welches sich im Besitz von W. K. Hamilton in London befindet; der seitwärts geneigte Kopf der jungfräulichen Göttin zeigt hier eine fast moderne Empfindsamkeit.

Doch die so eigenthümliche Art der Geburt der Athene, daß sie gleich fertig aus dem Haupt des Zeus hervorgeht, bringt es nicht nur mit sich, daß sie vom ersten Augenblick ihres Daseins an mit männlicher Selbständigkeit fest auf ihren eigenen Füßen dasteht; weit wichtiger für die Charakterentwickelung der Göttin ist es, daß sie dadurch die reiche Welt der Gefühle nie an sich kennen gelernt hat, die mit dem Kindheits- und Jugendleben immer verbunden sind. Kindes-Sehnen, -Ahnen, -Wünschen hat sie nie an sich erfahren; nie hat sie sich trostbedürftig zu dem liebevollen Mutterherzen geflüchtet; nie hat sie mit kindlichem Vertrauen zu dem ihre Kindheit beschützenden Vater aufgeblickt; ja auch die sanften Neigungen, welche Bruder und Schwester von Jugend auf so eng verbinden, sind ihr immer unbekannt und fremd geblieben. Wenn so aber Kindes- und Geschwisterliebe in Athene nie Raum gefunden haben, so konnte auch das Bedürfniß nach ehelicher Liebe in ihrem Herzen nie erwachen; sie ist so vollkommen sich selbst genug, daß der Eintritt neuer Elemente in ihre Daseinssphäre, deren inneres Gleichgewicht dadurch nothwendig gestört werden mußte, durchaus nicht denkbar ist. Nur das stolze Bewußtsein ewiger, unantastbarer Jungfräulichkeit erfüllte sie ganz.

Zum ersten und einzigen Male in der ganzen griechischen Götterwelt begegnen wir in ihr demnach völliger Bedürfnißlosigkeit, welche sonst auch bei den Göttern nicht gefunden wird. Selbst von der Artemis, die sich ebenfalls ewiger Jungfräulichkeit rühmt, läßt sich diese Bedürfnißlosigkeit nicht mit gleichem Rechte behaupten. Ihr Schicksal ist zu eng mit dem ihres Zwillingsbruders Apollo verkettet; und obwohl beide Wesen einander darin begegnen, daß sie der Ehe abhold sind, so stellen sie doch die absolute Einheit des lieblich-geistigen Daseins jedes für sich noch nicht dar. Nur bei der Athene ist dies im vollsten Maße der Fall; sie bietet eine nur durch und durch jungfräuliche Erscheinung dar.

Dieses Fehlen aller Gefühlserregung, diese Bedürfnißlosigkeit und absolute Einheit des leiblich-geistigen Daseins hat ja nun aber für das ganze Seelenleben der Athene die höchste Bedeutung. Alles Gefühlsleben wird bei ihr ersetzt durch klares Denken und besonnenes Ueberlegen. Körperliches Empfinden muß bei ihr schweigen; der Körper steht nur im Dienste des Geistes. Ist sie doch auch aus dem Kopfe des Zeus hervorgegangen, nicht wie Eva aus der Rippenspalte des Mannes. Ist Eva, dem Sitz der Gefühle entstammend, daher auch nur zum Empfindungsleben geboren, so ist Athene nur da zum verstandesmäßigen Sinnen und Denken; nur die kühle Bewegung der Gedanken bestimmt ihr Thun und Handeln. In allen Lebenslagen kennt sie daher nur ruhiges Betrachten aller Lebensvorgänge; nie trübt Leidenschaft und innere Erregung ihren klaren Blick; nie entbehrt ihr Handeln des prüfenden Ueberlegens, des besonnenen Entschließens. Kurz, die personificirte Weisheit steht uns in der Göttin gegenüber.

(220)

Wie aber kommt dieses innere Geistesleben in den von Phibias und seinen Nachbildnern geschaffenen Statuen der Göttin zum Ausdruck? Nun, schon der ganze Aufbau der Gestalt giebt uns ja nicht nur ein Bild der fest auf sich gestellten männlichen Selbständigkeit, durch welche Athene zur Kriegsgöttin wird, sondern ebenso auch ein Bild innerster Seelenruhe. Immer steht sie gerade aufgerichtet da, ruhig umfließen sie auf allen Seiten die Falten des Gewandes. Beide Hände, also das Beweglichste am Körper, sind immer in festester Lage und Haltung. So also erhält der Beschauer schon beim ersten flüchtigen Blick auf Haltung und Aufbau der Göttin den Eindruck innerster, unerschütterlicher Geistesruhe.

Doch weit deutlicher kommt dies Ueberwiegen des Geistes in der Athene durch die Bildung des Antlitzes zum Ausdruck und hier natürlich vor allem durch den sprechendsten Theil desselben, durch das Auge. Gerade dies ist ja ohne Ausnahme bei allen Bildern der Göttin ganz eigen gebildet, eine Bildung, die sicher auf die Schöpfung des Phibias zurückweist, welche kein späterer Künstler zu verändern wagte. Immer ist nämlich der Blick des voll aufgeschlagenen Auges unbeweglich auf einen Punkt gerichtet, an dem er fest haftet; er fällt, so zu sagen, senkrecht in den Gegenstand der Erforschung ein. Kein Eindruck der Außenwelt vermag ihn davon abzulenken; da ist von keinem Hin- und Herwerfen der Gedanken die Rede; die Idee steht mit einem Male vor ihr, und die sichtbare Welt bietet ihrem festen, alles durchbringenden Blick so wenig Widerstand dar, wie klares Krystallgefüge den Strahlen des Sonnenlichts.

Was echter, wahrer Tiefsinn ist, lernt man vor diesen Zügen begreifen. Ein Zustand des Versunkenseins in die Abgründe des reinen Gedankens spricht aus diesen Augen; und dieser Zustand bildet den entschiedensten Gegensatz zur mythischen

Blindheit des Homer, die ja auch keine andere Bedeutung hat, als die des Aufgehens in einer höhern Welt, vor deren Anblick dieses niedre Erdendasein erbleicht und verschwindet, wie verblassendes Sternenlicht vor dem von einem höheren Glanz getroffenen und dadurch geblendeten Auge. An großen Rednern beobachten wir ein ähnliches momentanes Abgezogensein von der Wirklichkeit, auf die sie gleichwohl gerade in demselben Augenblicke mit der ganzen Kraft ihres Ueberredungsvermögens einzuwirken sich bemühen. Es ist, als ob sie einen festen Punkt außerhalb dieser Welt der gemeinen Erscheinung aufsuchen und von diesem aus die Massen in Bewegung setzen wollten. Heitere Ruhe weilt dabei immer auf den Zügen der Göttin und spricht aus ihrem Auge; nirgends zeigt sich eine Spur von einem Ringen mit dem Begriff; sie verweilt stets in der Vollanschauung der Idee und kennt keine Art von Anstrengung, weil sie nie mit der niederen Welt in irgend einen Konflikt geräth.

Kommt so im Auge das innerste Geistesleben der Göttin zum Ausdruck, so sind auch die übrigen Theile des Gesichts in Uebereinstimmung damit gebildet und nur dazu da, die Sprache der Augen noch zu unterstützen und zu verstärken. Wenn auch das hellenische Schönheitsgefühl eine hohe Stirn nicht gestattet, am wenigsten an einem weiblichen Kopfe, so lagert sich diese bei der Athene doch hoch gewölbt und in mächtiger Breite über den Augen hin, ja das in der Mitte gescheitelte Haar, von dem zwei starke Wellen nach beiden Schläfen sich hinziehen, oder der hochaufragende Helm, der die Stirn zum Theil bedeckt, läßt sie höher erscheinen, als sie ist, und macht so diese Stirn, ohne das Schönheitsgefühl der Griechen zu verletzen, doch zum Sitz nur großer und tiefer Gedanken. Die festeinsetzenden und kräftig hervortretenden Augenbraunbögen bilden eine sanft geschwungene, flach verlaufende Linie und lassen die beträchtliche Ausdehnung der Stirn in die Breite noch deutlicher hervortreten.

Die Nase sodann bildet die Brücke zwischen dem Sitz der Intelligenz und der Außenwelt. Durch sie tritt der Lebensodem jeden Augenblick in den menschlichen Leib ein. An ihr nimmt man daher auch vorzugsweise die Steigerung der Lebensthätigkeit wahr, sobald sich der innere Sinn regt. Sie läßt nun auch in den Athene-Bildern die innere Feuergluth ahnen, welche alsbald die Augen blitzend funkeln und die Lippen gewaltig erbeben machen wird. Diese Lippen an sich kündigen sich durch schwellende Formenfülle als der Sitz zauberkräftigen Wortlauts an. Sie sind fest geschlossen und scheinen daher eher ein unverbrüchliches, heilige Stille gebietendes Schweigen zu veranschaulichen, als jene dialektische Fertigkeit, mit der die Göttin gegen Die, welche dem Vernunftgebot sich zu widersetzen wagen, ihre Machtbefehle Blitzen gleich schleudert. Darin offenbart sich gerade echte Künstlerweisheit, daß sie sich der unmittelbaren Darstellung vorwaltend geistiger Handlungen bescheidet und sich begnügt, sie durch den ausdrucksvollen Gegensatz, durch den sie gleichsam hindurchgehen müssen, anzudeuten.

Nase, Mund und Kinn zusammen endlich verlaufen in einer einzigen harmonischen Linie, deren zarte Gliederung die schönsten Verhältnisse erzeugt. Zu beiden Seiten dieser Linie flachen sich die Wangen sanft zu den Haarmassen des Hinterkopfes ab; auch nach unten läuft das Oval des Gesichts sehr spitz aus, was den Charakter der Jungfräulichkeit zum erhöhten Ausdruck bringen hilft und die großartig aufgethürmten Massen des Vorderhauptes überwiegend hervortreten läßt.

So stellen Züge und Ausdruck des Gesichts die Göttin als personificirte Weisheit und Besonnenheit dar, und diesen friedlichen Charakter der Göttin läßt nun auch alles kriegerische Beiwerk, das ihre Gestalt umhüllt, nur noch schärfer und glanzvoller hervortreten. Trotz des hochaufragenden Helmes, trotz des grausenvollen Medusenhaupts auf ihrer Aegis bleibt der

Ausdruck ihrer edlen Züge immer mild und lieblich, freilich aber verkündigt der feste, ernste Blick deutlich die Entschlossenheit, mit der sie Ruhe und Ordnung zu vertheidigen wissen würde, sollten diese kostbaren Güter des durch sie beschützten Staates von außen her gefährdet werden. Die Weisheit, die in der Göttin personificirt ist, offenbart sich eben vor allem durch diesen Waffenschmuck gerade als Staatsweisheit und veranschaulicht uns aufs Vollkommenste den hohen Begriff, welchen die Alten von dem höheren Daseinszustand hatten, dessen der Mensch durch die Verbindung mit einer wohlorganisirten Körperschaft, wie sie der Staatsverband darbietet, theilhaftig wird. Während Zeus im Olympos herrscht, ist auf Erden Pallas seine Vertreterin. Der Vater der Götter und Menschen bildet den Mittelpunkt des gesamten Völkerlebens, Pallas dagegen nimmt sich einzelner Staaten ebenso wie auserwählter Helden mit Vorliebe an und ist allen Denen hold und hülfreich, welche die Sitze oder Träger hellenischer Kultur sind, während alles Barbarische, Hochmüthige oder Rohe ihr ein Greuel ist. Ein Blick auf jedes dieser immer so ernst erhabenen und doch so anmuthsvollen Standbilder der Athene lehrt uns, welche Gesinnung und welche Gefühle ihr wohlgefällig sind. Gerade hierdurch wird Pallas Athene nicht nur unter allen griechischen Göttinnen diejenige, welche die höchste Stelle unter ihnen einnimmt, durch geistige Hoheit alle überragt; sie zeigt uns auch die höchste Aufgabe, welche das Weib auf Erden für alle Zeit hat: nämlich die, Bekämpferin alles Rohen und Unreinen zu sein. So stellt sie sich neben die höchste Ausgestaltung, welche das Weib in der griechischen Dichtung gefunden hat, neben eine Iphigenie und eine Antigone. Doch werden, wie es für die Göttin sich ziemt, die menschgeborenen Frauengestalten der Dichtung noch weit überragt von der Idealgestalt der Göttin, wie die Kunst des Phidias sie geschaffen.

(224)

Doch nicht nur in allgemeinen großen Zügen, wie sie uns in dem ganzen Aufbau der Göttin und ihrer Gesichtsbildung entgegentreten, schildert uns Phidias Charakter und Geistesgehalt der Athene, sondern er erzählt uns auch, in welcher Richtung sich ihr Geist am liebsten bethätigt; und zwar müssen ihm hierzu wieder die äußeren Ornamente dienen, mit denen er die Waffen seiner Athene Parthenos schmückt, und welche so angebracht sind, daß sie dem anbetenden Beschauer sofort ins Auge fallen. So hat er in der Mitte des hohen Helms nach den schriftlichen Zeugnissen der Alten auf dessen Wölbung eine Sphinx gelagert, während an den Wangendecken des Helms zwei Greife hervortreten; beides bedeutsame Symbole, denn die räthselsinnende Sphinx bedeutet die Denkkraft, und die Greifen sind Sinnbilder des Scharfsinns. Nur ein Thun also, bei dem tiefes Denken und weitblickender Scharfsinn sich bethätigen können, befriedigt sie; nur dazu ist sie da. Wo aber könnte sie beides besser bethätigen, als in der Sorge für das Volk, das sie sich aus allen zu ihrem besonderen Schützling erwählt hat. So wird sie zur Göttin aller wohlthätigen Erfindungen; jedes kunstreiche Schaffen findet in ihr eine Helferin und Förderin; mehr als Krieg sind die segenschaffenden Werke des Friedens ihre Lebensaufgabe.

Vor allem aber ist es eine Arbeit des Friedens, die der Künstler seiner Göttin zutheilt, die er durch ein besonderes Attribut noch wirkungsvoll an ihr zum Ausdruck bringt, die fruchtschaffende Thätigkeit des Ackerbaus nämlich, die Landeskultur. Denn daß das an sich arme und unfruchtbare Land zum männernährenden geworden, ist ja besonders das Werk der Athene. Dazu hat sie den segenspendenden Oelbaum gepflanzt und durch seine Pflege zuerst den Wohlstand des Volkes begründet.

Das Attribut nun, das gerade diese Thätigkeit der Göttin

zur Darstellung bringt, und das dem Beschauer des Götterbildes an jeder Nachbildung des Werkes von Phidias zuerst immer nur einen befremdenden Eindruck machen wird, ist die Schlange, die sich hinter dem Schilde der Göttin emporreckt. Ueberkommt uns doch beim Anblick jeder Schlange zuerst ein Gefühl des Mißbehagens; finden wir sie als Symbol verwendet, so denken wir wohl zuerst an die Schlange des Paradieses, wo der Satan gerade in ihre Gestalt sich kleidete, um die ersten Menschen zu verführen. Doch dieselbe Schlange wird ja auch auf christlichen Grabmälern, wenn sie, in ihren Schwanz beißend, zu einem Ringe sich gestaltet, zum Sinnbild der Unsterblichkeit; am Stabe des Asklepios endlich wird sie sogar zur Heilbringenden; spielt doch das Gift, das in ihr verkörpert ist, unter den Heilmitteln die größte Rolle. Mit diesem allen aber hat die Schlange der Athene nichts zu thun. Sie erinnert einfach an jene Schlange, welche auf der Akropolis in dem Tempel der stadtbeschützenden Göttin als ein heiliger Hort gehalten und sorgfältig gepflegt wurde. Denn dieses Thier ist im Süden der treueste Hüter der Gärten und Weinberge, und wer es tödtet, setzt sich noch heutzutage von seiten des Winzers Vorwürfen und Scheltworten aus, die so ernst gemeint sind, wie es diejenigen waren, welche die alten Aegypter einem Katzenmörder als Verwünschungen nachsandten. In Attika waren nun die Oelwälder der Aufsicht dieses das Ungeziefer tilgenden Gewürms, das besonders auch den Mäusen nachstellte, anvertraut; und so wird es erklärlich, warum die Alten diese große, ungiftige und friedliebende Schlangenart zum Schutzgeist des Ortes, dem häufig vorkommenden Genius loci, erkoren haben. — Die Schlange am Schilde der Athene ist also nur ein Sinnbild der erdgeborenen, götterbehüteten Urkraft des attischen Landes; Athene selbst wird zur Göttin des Oelbaums, zur Göttin des Friedens, unter dem die Landeskultur nur segenspendend gedeihen kann. —

So bringt Phidias an seinem Athene-Bilde eine reiche Fülle von Beziehungen, ja die ganze Geschichte der Göttin zum sichtbaren Ausdruck. Aus dem Gewittersturm geboren, tritt sie uns in ihrem glänzenden Waffenschmuck zuerst als Göttin des Krieges entgegen. Aber nicht mehr als Kämpfende erscheint sie, denn friedlich rastet der Schild neben ihr, lässig ruht auch die Lanze neben dem Schilde in ihrer Hand; wohl aber als Siegerin steht sie vor uns, trägt sie doch auf ihrer Rechten die geflügelte Siegesgöttin, welche den hocherhobenen Siegeskranz Dem entgegenhält, der im Geiste der Athene gegen alles Rohe und Barbarische in den Kampf geht. Sie selbst aber kann fortan Besonnenheit und Weisheit, die sie in jedem Kampfe zur Siegerin gemacht haben, zu besserem Werke benutzen, nämlich dazu, als höchste Wohlthäterin des von ihr erkorenen Volkes segenbringende Werke des Friedens zu pflegen, damit ihr Volk leiblich und geistig gedeihe, bis es unter allen Kulturvölkern der alten Welt die erste Stelle einnehme. Und mit dem erhebenden Bewußtsein, die höchste Kulturhöhe unter den Völkern erklommen zu haben und dies nur seiner großen Göttin zu verdanken, feierte denn auch das attische Volk in jedem Jahre sein größtes Fest, die Panathenäen. Auf der Höhe der Akropolis tönten dann die Lobgesänge des ganzen Volkes empor zu seiner Göttin der Weisheit und Stärke, wie sie aus der Hand seines kunstreichen Meisters Phidias hervorgegangen, zu seiner Athene Parthenos.

Wie weit ist aber auch der Abstand zwischen den ältesten Athene-Bildern und diesem Werke des Phidias, welch' weiten Weg mußte die Kunst zurücklegen von ihnen zu diesem? Haben doch die ältesten Athene-Bilder, wie alle die alten Götterbilder, die ja gewöhnlich nur mehr oder minder reich verzierte, ausgeputzte und frisirte Holzpuppen waren, eigentlich gar keinen Inhalt. Sie sagen dem Beschauer nichts, bringen ihm nichts entgegen; was er in ihnen sieht, trägt er aus sich in sie hinein. Zu einem eigenen Leben kommen sie erst in den Reihendarstellungen, in den Statuengruppen, wie solche in den Giebelfeldern der Tempel nöthig wurden, um die Thaten der Götter der festfeiernden Gemeinde vorzuführen. Aber auch sie zeigen zuerst nur sehr schwaches Leben. So erinnert z. B. die Athene im Perseus-Relief von Selinunt nur daran, daß Perseus in ihrem Auftrag handelt. Schon bedeutungsvoller wird Athene im Giebelfelde des Tempels von Aegina. Hier zeigt sie wohl, daß auch in der Leidenschaft des Kampfes Maß zu halten ist. Denn der Kampf hat sein Ende, sein Ziel erreicht mit dem Tode des Kämpfers. Eine Schändung auch des Leichnams geht über dies Ziel hinaus, ist nur eine Maßlosigkeit, ein Akt der Roheit. Unter dem Schutze der Göttin wird daher der Leichnam ihres Schützlings Achilles den Troern entrissen, damit er nach ruhmreichem Leben nun auch ein ehrenvolles Grab finde. Aber nur durch ihr bloßes Dasein kann Athene hier solche Gedanken erwecken; ihre ganze Haltung ist noch steif und ohne alles Leben. Lebendiger wohl, aber auch noch nicht viel inhaltreicher muß sodann die Athene im Westgiebel des Parthenos gewesen sein, wo sie im Streit mit Poseidon dargestellt ist. Hier floß nach der uns davon erhaltenen Zeichnung gewiß volles Leben durch die bewegte Gestalt; alles Steife, alles Schattenhafte ist verschwunden. Aber nur eine Seite im Wesen der Göttin konnte hier zum Ausdruck kommen: in stolzer Siegesfreude wendet sie sich von dem im Zorn wegeilenden Poseidon zu ihrem Gespann und ihrem Gefolge.

Erst in den Einzelerscheinungen findet die Kunst Gelegenheit, ihre Gestalten mit höchstem Inhalt zu erfüllen. Erst die alleinstehende Athene konnte die Trägerin für ein gesteigertes, in seinem Verlaufe tiefer erkanntes und eine freiere Durchbildung verlangendes Gemüthsleben werden, also eine Darstellung, die nun viel mehr zu sagen weiß und wegen dieser seelischen Vertiefung viel mehr Theilnahme erweckt, als früher das einzelne Glied der Reihenschöpfung der Statuengruppe. Phidias aber ist es, der in dieser Entwickelung den letzten und höchsten Schritt thut; nur ihm gelingt es, diese Einzelgestalt mit dem denkbar höchsten Leben zu erfüllen, wie wir dies hier an seinem Athenebilde zu zeigen versucht haben. Doch nicht nur darin liegt der Werth und die Bedeutung dieser Schöpfung, daß es dem Künstler gelungen ist, ein so alles erschöpfendes Bild der Göttin zu schaffen, ein Bild natürlich der Athene, wie sie die Zeit des Perikles herausgebildet hatte, in der die auf das Naturleben bezügliche Bedeutung der Göttin hinter der ethisch-politischen mehr und mehr zurückgetreten war, sondern in diesem Athenebilde ist ja auch wieder die eigentlichste und höchste Aufgabe erreicht, welche die bildende Kunst für alle Zeit hat: hier geht das Geistige vollkommen in der sinnlichen Erscheinung, die sich rein an die Anschauung wendet, auf. Deshalb ruht das Götterbild wie das antike Kunstwerk überhaupt so befriedigt in sich selbst, weil geistiger Gehalt und Form sich harmonisch entsprechen. Voll und ganz gilt somit von der Athene Parthenos, was Welcker in seiner Götterlehre von der griechischen Mythologie überhaupt rühmt: hier ist die ursprüngliche Anschauung der Göttin gediegen und stilgerecht, kräftig und zart zugleich, plastisch und klar ans Licht gestellt; das Bild der Göttin steht da voll Geheimniß und in der Tiefe schlummernden Gefühls, dabei aber ebenso verständlich und klar wie harmonisch und bis zur vollkommensten Schönheit durchgebildet. Nicht das Ergebniß müßigen Schaffens phantastischer Poeten ist das Götterbild, sondern das große Lebenswerk des ganzen, so reich begabten hellenischen Volkes; es gehörte ja dazu, die treffenden Grundzüge des persönlichen Göttercharakters durch den Wechsel der Zeiten hindurch festzuhalten, sie sowohl nach der Seite der Menschenwelt, als nach der der Natur hin streng und stetig zu wahren, zugleich aber sie zu immer lebensvollerem Ausdruck und festerem Ineinandergreifen aller Züge auszubilden und mit sprechenden Zügen zu bereichern. Es gehörte dazu ein strenger Ernst, der die Willkür tändelnder Phantasie fernhält, und doch wieder eine eigenthümliche Anlage für Form, Schönheit und Grazie, die der Phantasie als Helferin nicht entbehren konnte.

So konnte es denn auch nicht ausbleiben, daß die Athene Parthenos für immer ein geistiger Hort des griechischen Volkes blieb, daß der Glaube an die Göttin, die wunderbare Illusion ihrer Realität noch jahrhundertelang aufrecht erhalten wurde. Erst als die Tempel Griechenlands in christliche Kirchen umgewandelt wurden, wich auch Pallas Athene im Herzen des Volkes der Gestalt einer anderen hohen Jungfrau, der christlichen Himmelskönigin Maria. Aber in der ganzen Geschichte der Transformation antiker Kultusbegriffe und Heiligthümer in christliche giebt es kein Beispiel einer so leichten und vollkommenen Vertauschung als die der Pallas Athene mit der Jungfrau Maria. Wie Heiden in Arabien, Syrien und Mesopotamien dadurch bekehrt wurden, daß sie in der Gottesgebärerin Maria die Göttermutter Cybele wieder zu erkennen glaubten, so brauchte das Volk der Athener nicht einmal den Namen seiner jungfräulichen Schutzgöttin aufzugeben; denn auch als christliche Gottheit blieb sie die jungfräuliche, die Parthenos.